Christel Bender · Liebe entdecken

Christel Bender

Liebe entdecken

unter Beratung von
Otmar Schnurr

Kösel

Lektorat: Josef K. Pöllath

CIP-Kurztitelaufnahme der Deutschen Bibliothek
Bender, Christel:
Liebe entdecken : lebendig werden im Alltag /
Christel Bender. Unter Beratung von Otmar Schnurr.
– München : Kösel, 1987.
ISBN 3-466-36281-4

Gesamtherstellung: Kösel, Kempten
Layout und Umschlag: Günther Oberhauser, München,
unter Verwendung eines Fotos von Christel Bender

Inhalt

für alle, die mich lieber leben lassen . . .

Liebe, ein Wort, das aus dem Rahmen fällt

LIEBE

Stichwort Liebe

Ein Tropfen Liebe
ist mehr als ein Ozean
an Wille und Verstand.
Blaise Pascal

Liebe wohnt in Hütten
und Palästen.

Wer lebt ohne Liebe,
der ist lebendig tot.

Wer Liebe ernten will,
der muß auch Liebe säen.

Einen Menschen lieben heißt,
ihn so sehen,
wie Gott ihn gemeint hat.
Fedor Dostojewski

Liebe, als müßtest du
einmal hassen, und hasse,
als müßtest du einmal
lieben.

Und wenn ich meine ganze Habe
verschenkte, und wenn ich
meinen Leib dem Feuer über-
übergäbe, hätte aber die
Liebe nicht, nützte es
mir nichts.
Korintherbrief

Sorge dafür,
das zu haben,
was du liebst –
oder du wirst
gezwungen
werden,
das zu lieben,
was du hast.

Liebe
das altehrwürdige Wort
einst unbestritten
auf dem ersten Platz
unter den Wörtern
nimmt heute den
siebenten ein
nach Sex Krieg Mord
Rauschgift Atom
und Scheiße.
Eva Zeller

Fundsache Liebe

in den himmel gestarrt
und einen schönen traum gehabt

voll wut weggegangen
und einen versöhnlichen brief bekommen

betreten zu boden gesehen
und einem freund fast auf die füße getreten

allein in der menge verloren
und ein vertrautes gesicht gesehen

eine verschlossene Tür erwarten
und eine umarmung geschenkt bekommen

trotzig den fehler zugeben
und einen neuen anfang machen dürfen

sich klein und hilflos fühlen
und einem anderen stütze sein

1 Vom Umtausch ausgeschlossen

Unzufrieden und abgespannt?
Ärger in der Familie?
Fühlen Sie sich fehl am Platz?
Diskrete Beratung und Vermittlung von Wunschfamilien durch seriöses Institut. Chiffre 1590726.

Lange hatte ich gezögert, doch an diesem Morgen betrat ich forsch den Empfangs-Raum der »Familien-Anbahnung«. Die Dame am Empfang – irgendwie erinnerte sie mich an meine Tante, die Sekretärin – gab mir einen Zettel mit der Nummer 14 und bat mich, in einem der Plüschsessel Platz zu nehmen. Wie vor dem Schulabschluß, aber das sollte doch keine Prüfung sein. Ich versuchte, solche Gedanken zu verscheuchen, indem ich die anderen Kunden beobachtete: eine Frau um die 50 mit großer Brille, Faltenrock und Einkaufstasche, die mir vorkam wie Tante Vera. Auf deren Nachttisch stapeln sich immer Bücher, und bei Familientreffen redet sie nur über die guten Noten ihrer ach so fleißigen Kinder.

»Der Nächste bitte!« Einer der »Kunden-Berater« hielt mir einladend die Tür auf. Fast wie Onkel Peter, der Manager-Typ, der sich jedes halbe Jahr ein neues Auto zulegt. Meine Wünsche? »Schon als ich zehn Jahre alt war, kamen mir Zweifel, ob ich wirklich zu dieser Familie gehöre. Denn gleiche Haarfarbe und sonstige Äußerlichkeiten sind ja nicht entscheidend. Mit meiner Schwester habe ich mich nie verstanden, meine Eltern hatten auch ständig etwas zu nörgeln: wegen der schlechten Noten; mein Umgang paßte ihnen nicht; meine Mutter kann doch tatsächlich nicht einschlafen, bevor ich zu Hause bin. Wie neidisch bin ich dagegen auf die Familien meiner Freundinnen und Freunde. Bei ihnen fühle ich mich viel wohler.«

Der Berater hatte geduldig zugehört, doch nutzte er meine Atempause, um nachzufragen: »Was erwarten Sie denn nun von unserem Unternehmen?« Auch da hatte ich präzise Vorstellungen: »Mit 22 Jahren bin ich noch jung genug, eine Umstellung zu verkraften und meine Wunsch-Familie kennenzulernen, statt mich weiter über die liebe Verwandtschaft zu ärgern. Wer weiß, ob ich später noch die Kraft dazu habe.« Ganz Psychologe, von dem im Prospekt die Rede war, hakte der Mann mir gegenüber nach. »Verstehe ich Sie richtig, daß Sie mit unserer Hilfe neu Wurzeln schlagen wollen in einer neuen Umgebung, mit anderen Menschen?« Aus der Schreibtisch-Schublade zog er einen Fragebogen. »Für unseren Vermittlungs-Computer.« Den sollte ich zunächst in aller Ruhe zu Hause ausfüllen. »Aber mit mittelhartem Bleistift und bitte exakt ankreuzen, damit unser Computer alles registrieren kann.« Dann entließ er mich mit Handschlag und rief den nächsten Kunden, einen älteren Herrn, der mir neugierig nachblickte. »Tja, so einen Sohn hättest du wohl gerne, aber deine Sorte kenne ich«, dachte ich und nickte der Dame am Empfang zu.

Ich muß hinzufügen, daß mir das Beantworten von Fragebögen nie leichtgefallen ist. Es ist so schwer, eindeutig ja oder nein zu sagen. Ein Beispiel: »Zu welcher Einkommensgruppe soll Ihre Wunsch-Familie gehören?« Nun, arm war meine eigene Familie nicht gerade, aber zu einem dreiwöchigen Urlaub hatte es auch nicht immer gelangt. Ich war versucht, »sehr reich« anzukreuzen und dachte dabei an Marions Erzählung von der Mittelmeer-Fahrt mit dem Segelschiff der Eltern oder an Guidos Tramper-Urlaub durch Kanada einschließlich »Erholungstage« an den Swimmingpools der Geschäftsfreunde seines Vaters.

Auch die anderen Fragen waren nicht leicht. »Welche Geschwister hätten Sie gerne?« Ob der von mir gewünschte jüngere Bruder wirklich meinen Ratschlägen immer gefolgt wäre? Wie würde ich selbst auf die spontanen Ideen eines Wunsch-Vaters reagieren, der nur seine Bilder und Ausstellungen im Kopf hat? Beates Vater, Kunstprofessor, war so einer – ohne Anzug und Krawatte, ohne Aktentasche und Angst vor Vorgesetzten im Büro, wie mein Vater, der zum Ausgleich dann abends zu Hause rumkommandiert. Ich legte den Bogen erst einmal zur Seite; schließlich fehlte mir ja noch der mittelharte Bleistift zum exakten Ausfüllen. Nachts träumte ich von einem Warenhauskatalog voller Familien, die vor ihren Häusern (Villa, Einfamilienhaus, Hochhaus, Bauernhof) posierten, mit und ohne Haustier. Sie winkten mir zu, zeigten auf ihre Autos (Kleinwagen, Allradantrieb, Limousine . . .). Manche riefen mir etwas zu: »Du kannst machen, was Du willst«, verstand ich, oder: »Du wirst nicht im Haushalt helfen müssen.« Oder: »Auch Onkel und Tanten wollen sich ganz nach Dir richten.« Schweißgebadet wachte ich auf, doch war ich zu neugierig, um den Fragebogen in der Schublade zu lassen. Die letzten zwei Seiten hatte ich noch gar nicht gelesen: »Angaben zur Person« waren sie überschrieben. »Schließlich gilt es für eine optimale Vermittlung herauszufinden, ob Sie selbst den Wünschen entsprechen, die eine unserer Kunden-Familien hat.« Verständlich, schließlich müssen die auch zahlen, wenn es mit der Vermittlung funktioniert, dachte ich mir.

»Zeigen Sie Verständnis für die Sorgen und Interessen Ihrer Eltern und Geschwister? Sind Sie an gemeinsam verbrachter Zeit interessiert? Werden Sie leicht jähzornig oder sind Sie eher kompromißbereit? Sind Sie für eine gerechte Verteilung von Rechten und Pflichten oder überlassen Sie Hausarbeit, wie das Aufräumen und Putzen Ihres Zimmers, lieber Ihrer Mutter? Gehen Sie Streitgesprächen aus dem Weg oder versuchen Sie, im Gespräch Ihren Standpunkt den anderen zu erläutern? Machen Sie sich hinter ihrem Rücken lustig über die Besorgtheit Ihrer Mutter? Kennen Sie die Probleme Ihres Vaters am Arbeitsplatz?« Leichte Übelkeit stieg in mir hoch. Und Bilder, die ich schnell wieder vergessen wollte. Sicher: blond, blauäugig, ohne Bauch, sportlich-durchtrainiert, das war ich. Benehmen kann ich mich auch. Aber . . .

Ich will es kurz machen: seit drei Wochen liegt der Fragebogen nun unbeantwortet in der Schublade. Gebühren an die »Familien-Vermittlung« werden ja erst mit der Abgabe und der Registrierung im Firmencomputer fällig. Und noch immer fehlt mir der Bleistift, »mittelhart«, zum Ausfüllen des Fragebogens.

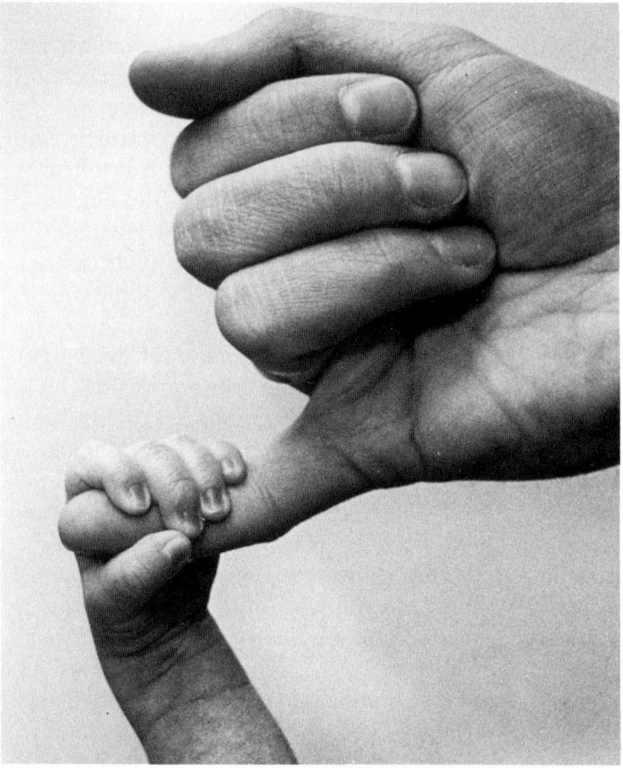

In irgendeiner Zeitschrift das Foto entdeckt und an die Pinnwand geheftet. Von der Kamera eingefangenes Vertrauen.

Eine Verbindung,
die nicht abreißt.
Eine große Hand,
die der kleinen Hand
Leben,
Zärtlichkeit,
Kraft,
Wissen
weitergibt

Ich war die kleine Hand ...

... als ich laufen lernte und Mutter mich jeden Tag ein Stück weiter loslassen konnte, als mir zuletzt nur noch ihr kleiner Finger Sicherheit gab.

... als mir auf dem Spielplatz der große Hund entgegenkam und ich an Vaters Hand die Angst vor ihm besiegen konnte.

... als wir zusammen auf Entdeckungsreise gingen im Wald hinter den Häusern oder am Bach neben dem Fußballplatz.

... als meine Hände schon fast so groß wie eure waren und wir einschlugen, wenn ein Kompromiß zwischen euren Sorgen und meinen Wünschen gefunden worden war.

Das Foto reiste mit beim Umzug ins erste eigene Zimmer. Irgend jemand muß es falsch herum angeheftet haben.

***Als ob
die kleine Hand
nun die große
führen wolle.
Als habe es
die kleine Hand geschafft,
die große Faust
einen Finger breit
zu öffnen.***

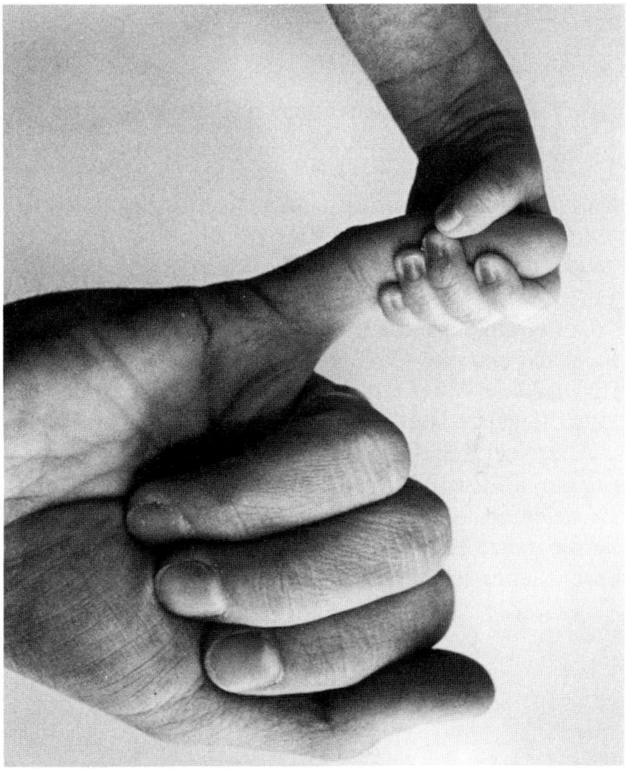

... als mich nachts das Streiten meiner Eltern weckte und sie an unseren Betten standen, als wollten sie bei uns Schutz suchen vor den Worten, die sie sich an den Kopf geworfen hatten.

... als Großvater starb und Vater das Lachen verlernt hatte, haben wir ihn an der Hand genommen und sind zum Bach gegangen.

... als Vater seine Stelle verlor und sich nicht mehr aus dem Haus traute, haben wir ihm gezeigt, wo seine Freunde auf ihn warten.

... als Mutter nach der schweren Operation betäubt von Medikamenten im Krankenhausbett lag, haben unsere kleinen Hände sie gestreichelt bis sie mit uns sprach.

Die Kirschen

Nebenan klirrte ein Glas. Jetzt ißt er die Kirschen auf, die für mich sind, dachte er. Dabei habe ich das Fieber. Sie hat die Kirschen extra vors Fenster gestellt, damit sie ganz kalt sind. Jetzt hat er das Glas hingeschmissen. Und ich hab das Fieber.

Der Kranke stand auf. Er schob sich die Wand entlang. Dann sah er durch die Tür, daß sein Vater auf der Erde saß. Er hatte die ganze Hand voll Kirschsaft.

Alles voll Kirschen, dachte der Kranke, alles voll Kirschen. Dabei sollte ich sie essen. Ich hab doch das Fieber. Er hat die ganze Hand voll Kirschsaft. Die waren sicher schön kalt. Sie hat sie doch extra vors Fenster gestellt für das Fieber. Und er ißt mir die ganzen Kirschen auf. Jetzt sitzt er auf der Erde und hat die ganze Hand davon voll. Und ich hab das Fieber. Und er hat den kalten Kirschsaft auf der Hand. Den schönen kalten Kirschsaft. Er war bestimmt ganz kalt. Er stand doch extra vorm Fenster. Für das Fieber.

Er hielt sich am Türdrücker. Als der quietschte, sah der Vater auf.

Junge, du mußt doch zu Bett. Mit dem Fieber, Junge. Du mußt sofort zu Bett.

Alles voll Kirschen, flüsterte der Kranke. Er sah auf die Hand. Alles voll Kirschen.

Du mußt sofort zu Bett, Junge. Der

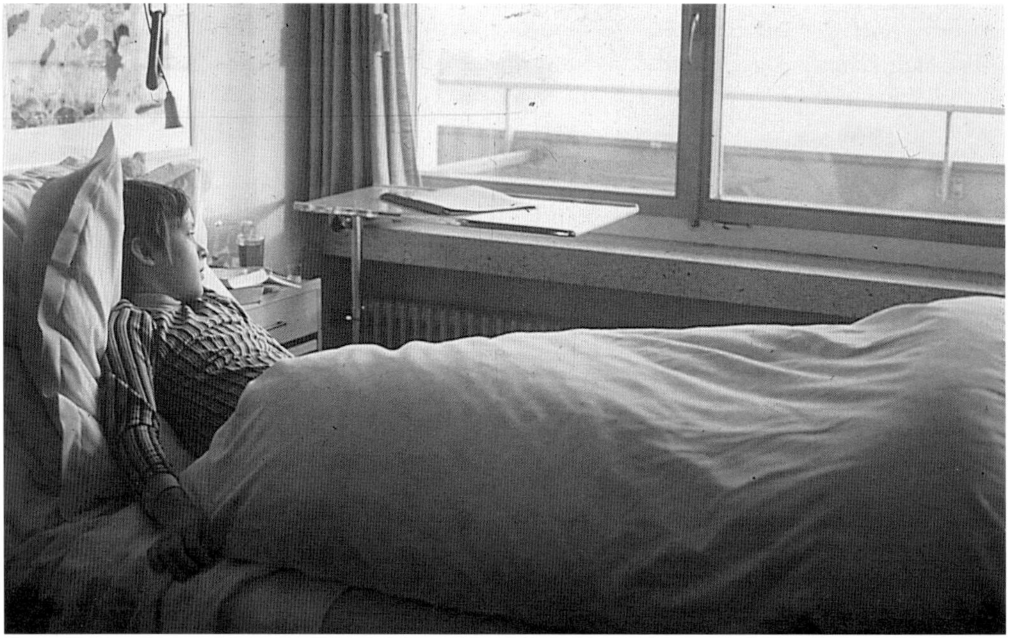

Vater versuchte aufzustehen und verzog das Gesicht. Es tropfte von seiner Hand.

Alles Kirschen, flüsterte der Kranke. Alles meine Kirschen. Waren sie kalt? fragte er laut. Ja? Sie waren doch sicher schön kalt, wie? Sie hat sie doch extra vors Fenster gestellt, damit sie ganz kalt sind. Damit sie ganz kalt sind.

Der Vater sah ihn hilflos von unten an. Er lächelte etwas. Ich komme nicht wieder hoch, lächelte er und verzog das Gesicht. Das ist doch zu dumm, ich komme buchstäblich nicht wieder hoch.

Der Kranke hielt sich an der Tür. Die bewegte sich leise hin und her von seinem Schwanken. Waren sie schön kalt? flüsterte er, ja?

Ich bin nämlich hingefallen, sagte der Vater. Aber es ist wohl nur der Schreck. Ich bin ganz lahm, lächelte er. Das kommt von dem Schreck. Es geht gleich wieder. Dann bring ich dich zu Bett. Du mußt ganz schnell zu Bett.

Der Kranke sah auf die Hand.

Ach, das ist nicht so schlimm. Das ist nur ein kleiner Schnitt. Das hört gleich auf. Das kommt von der Tasse, winkte der Vater ab. Er sah hoch und verzog das Gesicht. Hoffentlich schimpft sie nicht. Sie mochte gerade diese Tasse so gern. Jetzt hab ich sie kaputtgemacht. Ausgerechnet diese Tasse, die sie so gern mochte. Ich wollte sie ausspülen, da bin ich ausgerutscht. Ich wollte sie nur ein bißchen kalt ausspülen und deine Kirschen da hinein tun. Aus dem Glas trinkt es sich so schlecht im Bett. Das weiß ich noch. Daraus trinkt es sich ganz schlecht im Bett.

Der Kranke sah auf die Hand. Die Kirschen, flüsterte er, meine Kirschen?

Der Vater versuchte noch einmal, hochzukommen. Die bring ich dir gleich, sagte er. Gleich, Junge. Geh schnell zu Bett mit deinem Fieber. Ich bring sie dir gleich. Sie stehen noch vorm Fenster, damit sie schön kalt sind. Ich bring sie dir sofort.

Der Kranke schob sich an der Wand zurück zu seinem Bett. Als der Vater mit den Kirschen kam, hatte er den Kopf tief unter die Decke gesteckt.

Wolfgang Borchert

Am Anfang war Erziehung

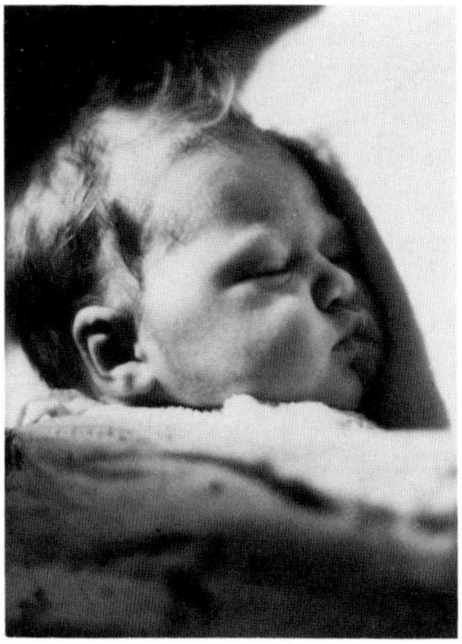

Wenn man ein Kind erzieht,
lernt es erziehen.

Wenn man einem Kind Moral predigt,
lernt es Moral predigen,

wenn man es warnt,
lernt es zu warnen,

wenn man mit ihm schimpft,
lernt es schimpfen,

wenn man es auslacht,
lernt es auslachen,

wenn man es demütigt,
lernt es demütigen,

wenn man seine Seele tötet,
lernt es töten.

Es hat dann nur die Wahl,
ob sich selbst
oder die anderen
oder beides.

Alice Miller

Jetzt

Greifen und festhalten kann ich seit der Geburt. Teilen und Schenken mußte ich lernen.

Jetzt übe ich das Lassen.

»Mutter und Kind« von Paula Modersohn-Becker, einer Malerin, die von 1876 bis 1907 lebte, zuletzt in der Künstlerkolonie Worpswede. Weil ihre Bilder einfach aufgebaut sind und Überflüssiges weglassen, kommen die Formen der Körper und die verschiedenen Farbtöne besonders gut zur Geltung. Die Malerin gehörte zu den Vorläuferinnen des Expressionismus.

Nicht Besitz

Gekommen bin ich durch
aber nicht von euch
deshalb nicht euer Besitz
zwar eure Tochter
aber nicht euer Wille
zwar eure Familie
und euer Zuhause
aber nicht ewig
meine Selbständigkeit
gerade erworben
ist mir zu wichtig
nehmt sie mir nicht
noch versucht
mich euch gleich zu machen
und euren Wunschtraum
in mir zu verwirklichen
denn verlassen muß ich euch
irgendwann
und leben mein eigenes Leben
mit einem eigenen Heim
das von morgen ist
gebaut aus meinen Gedanken
meinen Ideen
meinen Fehlern
meinen Wünschen
meinen Träumen
aber auch aus eurer Geduld
eurem Verständnis
und eurer unendlich großen Liebe.

Christiane Lauer

Die Söhne

Seltsam, wenn meine Söhne jetzt kommen:
Fahrende Ritter aus dem Jugendland.
Bekannt und auch schon unbekannt.
Verwandt mit mir und nicht mehr verwandt.
Sie haben von meinem Leben genommen
Und es nicht genommen. Ich bin ja doch ich.
Ich vergehe in ihnen und bleibe bestehen.
Ich möchte wissen, wie sie mich sehen.
Sicherlich reden sie über mich:
Die Mutter, sie ist, und sie hat, und sie wollte,
Sie lebt nicht so, wie sie leben sollte,
Ohne Ängstlichkeit, Kleinlichkeit, kurz, rundum freier.
Sie könnte leben zu ihrer Feier.
Ihre Gedichte gäben hinlänglich Gründe.
Es ist, als ob sie sich selbst nicht verstünde . . .
Dabei weiß man nie, was sie wirklich denkt,
Und manchmal sieht sie so abgelenkt,
Daß man fragt, wo sie ist? Es scheint, sie ist weit . . .
Und sie lächelt so seltsam, als tun wir *ihr leid?*

Eva Strittmatter

Aus dem Familien-Album eines Karikaturisten

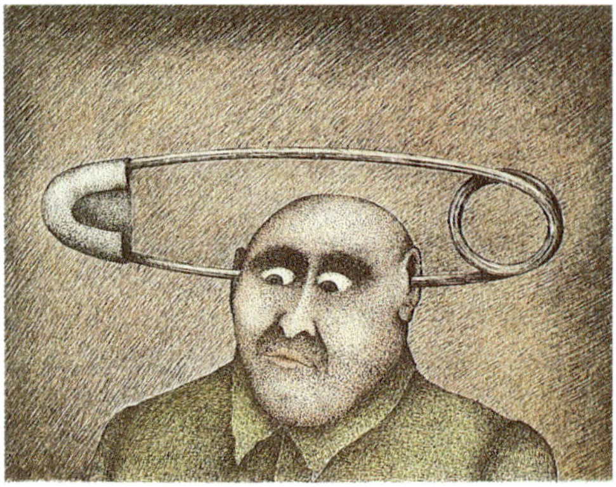

Mein Opa mütterlicherseits war ein Mensch mit großem Sicherheitsbedürfnis. Sein halbes Leben verbrachte er in den Büros der Versicherungsgesellschaften, und kaum ein Tag verging, ohne daß er uns vorrechnete, welche Renten er nach seinem Tode beziehen würde.

Mein Vater nahm sich sehr zusammen. Es grenzte schon fast an ein Wunder, was er an Selbstbeherrschung aufbieten konnte, auch wenn das niemand von ihm verlangte.

Zeit seines Lebens blieb mein Enkel ein unfertiger Mensch. Mag sein, daß er nichts dafür konnte, aber wir hatten wirklich unsere Mühe mit seiner ewigen Fragerei nach allem und jedem.

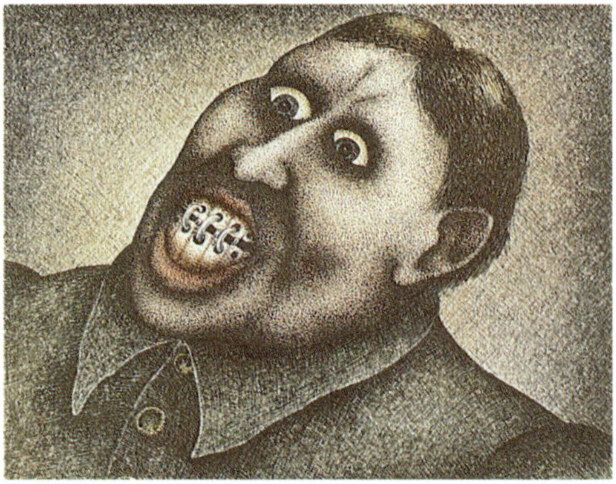

Mein Onkel war Schneider. Er liebte seinen Beruf, und das trübte seinen Blick für die anderen Dinge des Lebens. Wir sagten ihm das oft, und jedesmal sah er uns so merkwürdig an.

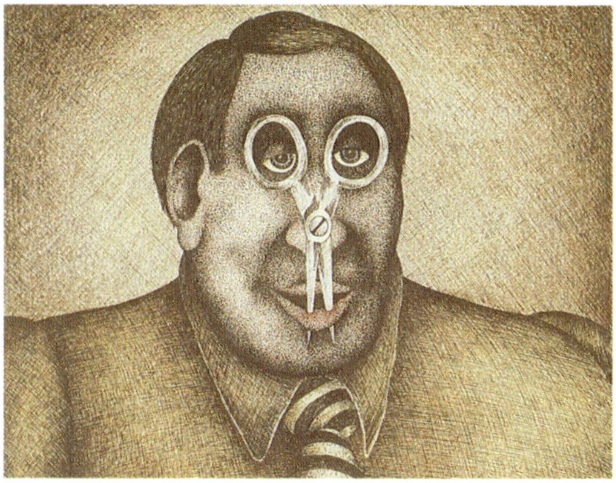

Mein Schwager war ein überaus ruhiger Mensch. Man konnte ihn fragen, was man wollte – er brachte einfach kein Wort hervor. Manchmal nahmen wir ihm das richtig übel.

Beinahe jeden Tag ging mein jüngerer Bruder in die Diskothek. Er liebte dieses laute Vergnügen über alles. Ich wußte, daß das nicht gutgehen konnte; auch mußte man ihm mittlerweile alles zweimal sagen. *Peter Kaczmarek*

Kindheitserinnerungen

Die schönsten Gespräche zu dieser Zeit führte ich aber mit meinem wirklichen Vater. Morgens, bevor er in sein Büro ging, kam er zu uns ins Kinderzimmer und hatte für jeden von uns besondere, treffende Sätze. (. . .)Aber abends kam er mit Geschenken, denn er brachte jedem etwas mit, keinen einzigen Tag kam er heim, ohne Geschenke für uns mitzubringen. Dann blieb er länger und turnte mit uns. Sein Hauptspaß war, uns alle drei auf seinen ausgestreckten Arm zu stellen. Die beiden Kleinen hielt er dabei fest, ich mußte es lernen, frei zu stehen, und obwohl ich ihn liebte wie keinen Menschen, hatte ich vor diesem Teil der Operation immer ein wenig Angst.

*Elias Canetti**

Meine Heftigkeit wirkte einschüchternd auf meine Umgebung. Ich wurde gescholten, wenig gestraft; selten kam es vor, daß jemand mir eine Ohrfeige gab. »Wenn man Simone anrührt, wird sie violett«, erklärte Mama. Einer meiner Onkel geriet so sehr außer sich, daß er darauf keine Rücksicht nahm: ich war derart verdutzt, daß mein Anfall schlagartig endete. Man wäre vielleicht gar nicht schwer mit mir fertig geworden, aber meine Eltern nahmen meine Wutanfälle ohnehin nicht tragisch. Papa – der damit irgend jemanden parodierte – stellte fest: »Dies Kind ist unsoziabel.« Er sagte auch, nicht ohne einen Anflug von Stolz: »Simone ist eigensinnig wie ein Maulesel.« Ich machte mir das zunutze und überließ mich um so mehr meinen Launen; ich war ungehorsam, einzig um des Vergnügens willen, Befehle zu mißachten. Auf Familienbildern strecke ich die Zunge heraus oder stelle mich mit dem Rücken zum Photographen auf; alles um mich her lacht. Ähnliche Siege ermutigten mich, Regeln, Riten, Routine nicht für unüberwindlich zu halten.

*Simone de Beauvoir***

Ein kleiner Test: Könntest du mit deinen allerpersönlichsten Problemen zu deinen Eltern gehen? Ich jedenfalls nicht. Ich könnte zu einem Freund gehen, wenn ich einen hätte. (. . .) Wie oft lachte ich schon, als es mir ums Weinen war! Die Eltern können nicht wissen, wie und was ihre Söhne und Töchter empfinden. Ein Beispiel: Es schneit. Abends um sechs Uhr komme ich heim. Der Schnee hat mich heimbegleitet. Er war mein Freund: Sage ich den Eltern etwas vom Schnee, tönt es: »Was sagst du da? Wasch deine schmutzigen Hände. Du solltest . . . du mußt . . .« Vergessen sind die Schneeflocken. Der Alltag ist wieder hergestellt. Wäre er nicht wieder hergestellt, so hätte ich gesagt: »Kommt noch ein wenig hinaus, es ist so schön draußen.«

Franz, 17 Jahre

* 1905 in Bulgarien geboren, lebte in Wien und Zürich, heute in London; 1981 Nobelpreis für Literatur

** Französische Schriftstellerin, 1986 gestorben, Freundin von Jean-Paul Sartre.

Alle Jahre wieder

Gleich hinter der Tür überfiel ihn diese Stimmung aus Plätzchenduft, Tannenzweigen und Glanzpapier-Schnipseln auf dem Teppichboden. Jede Wette hätte er riskiert, daß seine Mutter als erstes sagen würde: »Wie schön, daß wenigstens Weihnachten alle zu Hause sind.« Und am zweiten Weihnachtstag würde er sich vor lauter Gemütlichkeit wieder zurückwünschen in das Studentenwohnheim mit den blöden Sprüchen auf der Aufzugtür. Doch das dachte er nur.

Der ganze Küchentisch stand voller Schüsseln mit Pudding. »Da würde unsere ganze Etage von satt«, wunderte sich Günther. »Soll ja auch«, tat seine Mutter geheimnisvoll und zog ihn ins Wohnzimmer, wo Vater den Kaffeetisch deckte. »Diesmal gibt es Heiligabend kein Glöckchen, keine Weihnachtsgeschichte. Das hat euch ja doch nur verlegen gemacht«, erklärte sie. »Frau Bach hat sich ein Bein gebrochen. Dabei organisiert sie doch jedes Jahr das Essen für die alleinstehenden Leute aus der Gemeinde. Da haben Vater und ich beschlossen einzuspringen.«

Ute, Günthers jüngste Schwester, kam herein und erkundigte sich, ob die Tannenzweige und Krippenfiguren schon bereitlägen. »Mit meiner Freundin will ich nämlich heute schon den Pfarrsaal dekorieren. Bunte Kugeln für den Weihnachtsbaum haben wir auch schon aufgetrieben, damit es nicht so kahl aussieht.«

Am nächsten Tag fuhr Günther mit dem Auto zwischen Küche und Pfarrsaal hin und her. Nagelneue Bettücher – noch aus Mutters Aussteuer – wurden als Tischdecken gebraucht, Besteck, Geschirr, große Kessel mit Suppe, Gemüse und Kartoffeln mußten geliefert werden.

Beim Kaffeetrinken am Nachmittag erklärte Vater ihnen dann den Plan, nach dem manche der Gäste vor der Christmette abgeholt werden sollten. Frau W. zum Beispiel. Erst als Günther lang und breit erklärt hatte, wer er sei, löste sie die Sicherheitskette und ließ ihn in die Wohnung.

»Ich bin nicht umgezogen und möchte eigentlich heute gar nicht mitkommen. Bis eben habe ich nur geheult«, erklärte sie Günther und zerknüllte ein Taschentuch in der Hand. »Mein einziger Sohn ist vor acht Wochen gestorben. Er hat hier bei mir gewohnt. Sehen sie, sein Mantel hängt noch an der Garderobe. Und dann Weihnachten feiern?« Günther überredete sie vorsichtig und half, die Tür dreimal abzuschließen. Der nächste Fahrgast ließ ihn im Treppenhaus stehen. »Wir sind gleich soweit, bei uns ist nicht aufgeräumt. Petra, zieh den zweiten Pullover aus, im Pfarrsaal ist es wärmer als bei uns«, redete er ununterbrochen. Bis sie vor der Kirche hielten, hatte Günther erfahren, daß er geschieden war, arbeitslos, voller Angst, das Sorgerecht für seine fünfjährige Tochter Petra zu verlieren.

Nach der Christmette stand Günther an der Tür zum Pfarrsaal, hing Mäntel auf, hielt Stöcke fest und stopfte Schals in die Mantelärmel. Mutter strahlte, weil die Gäste die Tischdekoration lobten, neugierig die Krippe und den Baum begutachteten. Vater schenkte Wein ein, während Ute schon die dampfende Suppe in die Tassen füllte.

Als der Pfarrer sich an den Flügel setzte und sie gemeinsam »Stille Nacht« sangen, wurde selbst Günther ganz feierlich. Doch nicht lange. »Wie in einem gutgeführten Hotel«, so Vater, arbeitete die Familie Hand in Hand, trug Schüsseln auf, goß Wein nach, spülte und fand noch Zeit, mit dem einen oder anderen zu reden. Alle freuten sich, als die kleine Petra staunend ihre Geschenke auspackte. Drei Frauen aus dem Altenwohnheim kicherten, als wären sie fünfzehn. Frau W. lächelte – ganz vorsichtig noch. Manche zeigten Fotos.

Später, am Abend, kamen Jugendliche vorbei – manche kannte Günther noch von der Schulzeit. Er wunderte sich, daß sie selbstverständlich Flöten, Gitarre und Noten mitbrachten, um Weihnachtslieder anzustimmen. Selbst Peter, der sonst Schlagzeug spielt, hatte seine Haare ganz ordentlich frisiert.

Es gab nur einen Zwischenfall. Eine der Kerzen am Baum war so weit heruntergebrannt, daß eine Frau erschrocken aufschrie. Gegen zehn brachen alle auf. Günther fuhr »seine« Gäste nach Hause. Der kleinen Petra versprach er, sie einmal zum Schlittenfahren mitzunehmen. Denn er wollte noch einige Tage zu Hause bleiben.

Geschwister

Als er zwei Jahre alt war,
wurde sie geboren.
Da sagte er seiner Mutter:
»Bring sie wieder ins Krankenhaus.«

Als sie vier Jahre alt war,
hatte er häßliche Zahnlücken.
Im rosa Kleid und mit Zöpfen
war sie begehrtes Fotomodell.

Als er zehn Jahre alt war,
mußte sie eine Stunde früher ins Bett.
Er hatte dann alle Aufmerksamkeit
für sich allein.

Als sie zwölf Jahre alt war,
galt ihr Bruder als Klassenbester.
Sie wurde von den Lehrern ermahnt,
fleißig zu sein wie ihr Bruder.

Als er 16 Jahre alt war,
hängte sie Starfotos in ihr Zimmer.
Er verlor seine erste Freundin,
weil er nicht zupackte wie ein Held.

Als sie 18 Jahre alt war,
ging er jeden Morgen zur Bank.
Sie trampte durch halb Europa
und betreute Kinder in Paris.

Als er 24 Jahre alt war,
hatte sie viel Pech mit ihren Freunden.
Er heiratete und zog
in die angezahlte Eigentumswohnung.

Und wenn Neid und Zuneigung
nicht gestorben sind,
dann verstehen und streiten
sie sich heute noch.

Was wir uns zu sagen hätten

»Komm du erst mal in mein Alter.« Wie oft ich diesen Satz von dir gehört habe. Dabei bist du doch nur zwei Jahre älter als ich. Besonders damals, als du deinen ersten Freund hattest, den ich nicht leiden konnte, auch wenn er in mir einen Komplizen suchte gegen die Verbote unserer Eltern. Manchmal habe ich ja mitgespielt, dir ein »Alibi« geliefert und euch alleingelassen, doch was war das Ende vom Lied? Ich langweilte mich bei irgendeiner Fete und mußte auf dich warten, damit wir zusammen zu Hause ankamen.

Du weißt immer alles besser, was nicht nur an deinen Schulnoten zu erkennen war, die ich immer von unseren Lehrern vorgehalten bekam. Wenn du gerade auf Wolken schwebtest, hattest du keine Zeit für mich. Doch wenn es dann geknallt hatte, kamst du mit roten Augen in mein Zimmer, und wir haben stundenlang Lieder gesungen, die ich auf der Gitarre begleiten konnte. Manchmal war es dann wie früher, als wir zwangsläufig immer miteinander spielen mußten, weil es kaum andere Kinder in der Nachbarschaft gab. Dann waren wir stark und konnten mit unseren Blicken und Bemerkungen, die für die anderen unverständlich blieben, so manchen verunsichern. Die Wort-Bälle flogen dann nur so hin und her. Oder wir kicherten herum. Ich weiß noch, wie wir einmal die Einkaufsstraße auf und ab gegangen sind und nur die Leute gemustert haben, uns Geschichten ausdachten, die zu ihnen passen könnten.

»Meine kleine Schwester« habe ich eigentlich selten gesagt, sie ärgerte es aber immer mehr als mich, wenn wir für Zwillinge gehalten wurden. Und wenn wir Streit hatten, haben wir uns vorgestellt, daß eine adoptiert sein müßte. Oft genug haben wir zusammengehalten gegen unsere Eltern, doch reagierten sie anders auf dich. »Jetzt hat sie wieder ihre Trotzphase«, ließen sie dich in Ruhe, während sie sich mit mir endlose Wortgefechte lieferten. Und du warst manchmal auf ihrer Seite. Ich weiß noch, als ich das erste Mal schrecklich verliebt war und alles im Tagebuch festhalten wollte, und ihr standet auf dem Balkon über mir und lachtet euch kaputt. Dafür soll ich mal mit einem Gartenschlauch versucht haben, einen deiner »Verehrer« zu vertreiben, woran ich mich nicht erinnern kann.

Du warst lange neidisch, daß ich während des Studiums so viel Zeit für mich selber hatte, während du jeden Tag acht Stunden deine Ausbildung machtest. Jetzt arbeiten wir beide, wohnen in verschiedenen Städten. Wenn ich heute in dein Zimmer komme, weiß ich nicht, welche Bedeutung die Konzertkarte an deiner Pinnwand für dich hat, und du weißt nicht, warum das Foto mit den Windmühlen in meinem Zimmer hängt. (Weil ich immer dagegen anrenne wie Don Quichotte . . .) Doch hoffe ich, daß du bei allen Unterschieden zwischen uns nicht die »Geheimsprache« zwischen uns verlernst. Und daß wir manchmal ein Stück zusammen gehen.

Abel steh auf

Abel steh auf
es muß neu gespielt werden
täglich muß neu gespielt werden
täglich muß die Antwort
vor uns sein
die Antwort muß ja sein können
wenn du nicht aufstehst Abel
wie soll die Antwort
diese einzig wichtige Antwort
sich je verändern
wir können alle Kirchen schließen
und alle Gesetzbücher abschaffen
in allen Sprachen der Erde
wenn du nur aufstehst
und es rückgängig machst
die erste falsche Antwort
auf die einzige Frage
auf die es ankommt
steh auf
damit Kain sagt
damit er sagen kann
Ich bin dein Hüter
Bruder
wie sollte ich nicht dein Hüter sein
täglich steh auf
damit wir es vor uns haben
dies Ja ich bin hier
ich
dein Bruder

Hilde Domin

Familie: Einer trägt des andern Last

Wer kennt nicht die Auseinandersetzungen in der Familie, bei denen solche Risse entstehen, daß sie nicht einfach mit einigen versöhnlichen Worten oder einem Streicheln wieder zugekleistert werden könnten. »Das kommt in den besten Familien vor«, urteilen andere, wenn sie herausbekommen, wie lautstark es zuging oder wie bedrückt die Familie ist. Woher all diese Gefühle kommen, die einen selbst und die anderen erschrecken, und wie zusammen ein Weg gefunden werden kann, das sind Aufgaben der Familientherapeuten. Eine von ihnen, Elisabeth Mackscheidt, *zeigt an einem Beispiel, wie schief manches Urteil ist und was alle Menschen in ihrer Familie zu finden hoffen.*

Gedanken einer Familientherapeutin

Als Anna noch ein kleines Kind war, starb ihr Vater. Ihre Mutter erholte sich nur schwer von diesem Verlust; ihr einziger Trost war die kleine Tochter. Anna schien das von Anfang an begriffen zu haben. Sie wurde ein Kind, das seiner Mutter keine Probleme machte; sie war sehr brav, lächelte viel und fühlte sich offenbar zutiefst verantwortlich für das Wohlergehen der Mutter. Daran hat sich im Grunde nie mehr etwas geändert; denn auch in ihrem späteren Leben wagte Anna es kaum, ihrer alten Mutter einen Wunsch abzuschlagen, obwohl sie sich in Wirklichkeit oft überlastet fühlte.

Als Anna 26 Jahre alt war, heiratete sie Bernd. Sie tat es in der unausgesprochenen Hoffnung, daß nun eine Zeit beginne, in der sie die Zuwendung bekommen würde, die ihre Eltern ihr nicht hatten geben können. Bernd – seine Vorgeschichte wollen wir hier einmal außer acht lassen – erfüllte ihr diesen Wunsch nicht; kein Ehemann übrigens hätte das auf die Dauer gekonnt. Bernd konzentrierte sich weitgehend auf seinen Beruf. Die beiden blieben einander treu und lebten doch viel aneinander vorbei.

Aber da gab es die Kinder, Eva und Peter. Ihr Aufwachsen wurde zum Lebensinhalt für Anna und zum Hauptgesprächsstoff der Eltern untereinander. Es war, als würden die Eltern in der Sorge für ihre Kinder etwas von dem Umsorgtsein nacherleben wollen, das sie sich selbst immer gewünscht hatten. Eva entzog sich schon früh dieser Sorge; kaum 18 Jahre alt, verließ sie das Elternhaus und zog zu ihrem Freund. Peter verbrachte auch als Jugendlicher noch fast alle Zeit zu Hause. Zunächst freute Anna sich über das viele Zusammensein mit ihrem Sohn, aber zunehmend wurde Peter verschlossener, und Anna fragte sich, ob er nicht mehr mit seinen Kameraden ausgehen sollte. Als dann noch der Leistungsabfall in der Schule dazukam, gab es nur noch ein Thema zwischen den Eheleuten: Peter macht uns Sorgen . . .

Eine fast alltägliche Geschichte. Wer kennt nicht eine Mutter, die sich überfordert fühlt, einen Vater, den der Beruf auffrißt, eine Tochter, die sich früh in eine Bindung begibt, und einen Sohn, der nicht richtig spurt. Wir sind schnell dabei mit unserer Kritik. Je nachdem, welche Vorerfahrungen wir selbst gemacht haben, werfen wir der Mutter vor, daß sie sich zu viel von ihrer alten Mutter in Anspruch nehmen lasse und ihren Sohn verwöhne; oder dem Vater, daß er die Bedürfnisse seiner Frau nicht sehe und seinen Kindern nicht die Meinung sage; oder der Tochter, daß sie die Ratschläge ihrer Eltern in den Wind schlage und sich von ihrem Freund ausnutzen lasse; oder dem Sohn, daß er sich die Zukunftschancen verbaue und seinen Eltern auf der Tasche liegen werde.

Was wir von außen weniger sehen, ist das Ausmaß an Fürsorge, das die Mitglieder dieser Familie füreinander empfinden oder doch zumindest unbewußt füreinander einsetzen, wobei jeder seine eigenen Vorstellungen von dem entwickelt, was dem anderen gut tut. Wer sagt uns zum Beispiel, welches Maß an Nähe und Distanz diese Eheleute brauchen oder zu brauchen glauben, um ein Leben lang zueinander zu stehen? Das ist jedenfalls nicht nur eine Frage der Begegnungsmöglichkeit, die sie aufgrund ihrer Veranlagung und vor allem aufgrund der je eigenen Geschichte mit in die Ehe gebracht haben; es ist auch eine Frage der Phantasie, die jeder von dem hat, was dem an-

Selber tragen
und
getragen werden

Er ist mir nicht zu schwer.
Er ist mein Bruder. Chile

deren wohl helfen werde. Die familientherapeutischen Erfahrungen lehren uns, daß oft gerade ein Verhalten, das wir, von außen betrachtet, als Hindernis für eine befriedigende Beziehung ansehen, ein intensiver, wenn auch meist unbewußter Versuch ist, dem anderen die Aufrechterhaltung der Beziehung zu ermöglichen, ihn gewissermaßen zu schonen.

Dasselbe gilt für die Kinder in einer Familie . . . Wer kennt die Gedanken oder die unbewußten Motive, die Peter veranlaßt haben können, seinen Eltern Sorgen zu machen? Gerade er könnte ein Beispiel für das abgeben, was die eindrucksvollste Erfahrung ist, die Familientherapeuten allenthalben machen, daß nämlich nicht nur die Eltern für ihre Kinder sorgen, sondern in hohem Maße auch die Kinder für ihre Eltern. Dabei sieht diese Sorge oft ganz anders aus, als wir uns das vorstellen oder wünschen. Häufig liegt gerade in dem, was wir als störend empfinden, ein engagierter Versuch des Kindes, seinen Eltern zu helfen; es möchte zum Beispiel die Eltern durch den Kummer, den es bereitet hat, von etwas ablenken, was es als noch bedrohlicher für sie einschätzt – von der Trauer um einen nahestehenden Menschen, von dem Konflikt der Eltern untereinander, von dem depressiven Gefühl der Leere . . .

Ich glaube, es wäre ehrlich, zuzugeben, daß wir meist nur einen sehr vordergründigen Eindruck von dem haben, was in einer Familie vor sich geht . . . Wir können davon ausgehen, daß die Mitglieder einer Familie, insbesondere Eltern und Kinder, in der Regel eine starke Loyalität füreinander haben . . . In familientherapeutischen Sitzungen erleben wir es immer wieder, wie entlastend es gerade für Familienmitglieder ist, über deren Verhalten sich eine Familie beklagt, wenn der positive Beitrag, den diese für die Gesamtfamilie leisten, deutlich wird und Anerkennung findet . . .

Bei der Aufforderung: »Einer trage des anderen Last«, geht es gar nicht so sehr darum, neue Lasten aufzuerlegen, sondern vielmehr darum, die Lasten, die wir ohnehin füreinander tragen, gegenseitig besser zu sehen und zu verstehen. Denn – auch das ist eine Erfahrung der Familientherapie – da, wo die Mitglieder einer Familie dahin gelangen, das tatsächliche, wenn auch oft verborgene Umeinander-Besorgtsein anzuerkennen, da werden die Lasten zwar noch als mühsam, aber nicht mehr als kränkend erlebt, und da hat die Familie vielleicht auch die Chance, die Lasten in neuer Weise so zu verteilen, daß keiner mehr in seiner persönlichen Entwicklung blockiert wird.

Damit das geschehen kann, bedarf es allerdings des Gesprächs zwischen den Generationen. Nicht jede Familie wird dieses Gespräch mit vielen Worten führen . . . aber in irgendeiner Form können wir immer einander signalisieren, daß wir darauf vertrauen, daß der andere es letztlich gut meint mit seiner Familie. Vielleicht würde uns dieses Vertrauen leichter fallen, wenn wir uns klarmachten, daß unsere eigene Sehnsucht nach Anerkennung im Kreis der Familie und nach versöhnlichem Austausch zwischen den Generationen eine Sehnsucht ist, die wir mit allen Menschen teilen.

Elisabeth Mackscheidt

Vorurteile

Vater unbekannt verzogen
nur seine Unterhaltszahlungen bezogen
Mutter hat ihn alleine erzogen

Nachbarn sprechen von »verzogen«
mehrere Male umgezogen
sich der Jugendamt-Kontrolle entzogen

In der Schule galt er als wohlerzogen
Ruf des Einzelgängers zugezogen
die anderen stets besser angezogen

Er selbst hätte vorgezogen
sein Vater wäre zurückgezogen
am Wochenende mit ihm losgezogen
und hätte – wenn nötig – ihn miterzogen

Ich möchte

Ich möchte
eine Schale sein
offen
vieles aufzunehmen
offen
vieles wegzugeben

Daß die Schale
im Laufe der Jahre
Risse und Sprünge
bekommt
wird nicht
zu vermeiden sein

2 Freunde auf den zweiten Blick

Freundinnen

*Als wir gerade schreiben
konnten, haben wir uns
in die Poesie-Alben
geschrieben:
»Sei heiter wie der
Morgen, der Frühling sei
Dein Herz, stets bleibe
Dir verborgen, was
Kummer sei und Schmerz.«*

*Mit 16 waren uns unsere
Freunde wichtiger.
Manche unserer Verab-
redungen ließen wir
wegen ihnen platzen.*

*Wenn wir Glück hatten,
litten wir gleichzeitig
unter Liebeskummer
und trösteten uns
gegenseitig.*

*Umzug, ihr Studium,
meine erste Stelle.
Doch wenn wir uns
schreiben oder uns sehen,
ist nie Funkstille.*

*»Zu Dir kann ich mit
leeren Händen kommen«,
hat sie gestern gesagt.
Ohne einen Grund,
ohne Blumen.
Ich selbst bringe ja auch
manchmal nichts mit,
außer meiner schlechten
Laune.*

Heimsuchung. Holztür von St. Maria im Kapitol. Köln (11. Jahrhundert)

Lieber Lothar,

daß dieser Brief auf dem Umweg über Briefkasten, Postamt und Briefträger zwei Straßen weiter gelandet ist, wirst Du hoffentlich zu schätzen wissen. Ich weiß, wie erwartungsvoll Du immer morgens zur Tür rennst, ob ein Brief mit dem Absender eines Deiner vielen Brieffreunde (und Brieffreundinnen) angekommen ist. Wenn wir Dich so reden hören, müssen es lauter Genies sein: sie sprechen alle mehrere Sprachen, spielen Theater oder sind auf dem besten Wege, große Musiker zu werden, können Feste organisieren, bei denen nach Deinen Schilderungen nie etwas schiefgeht. Wenn Du sie dann im Sommer auf einer Deiner Mammut-Touren alle besucht hast, schleppst Du Stapel von Fotos mit Dir herum. Auf denen scheint immer die Sonne, alle lachen nur und scheinen nicht zu wissen, wohin mit ihrer guten Laune.
Uns triffst Du dann in der kalten Jahreszeit, wenn der Regen an die Scheiben vom Jugendheim klatscht. Manchmal würde ich Dir dann gerne an den Kopf werfen: Hier scheint eben nicht immer die Sonne, und ich habe in meiner neuen Firma weniger Urlaubstage als ich mir wünsche.

Und wenn ich ganz unzufrieden mit mir selbst bin oder Ärger zu Hause habe, kommst Du mit Neuigkeiten aus Deinen Briefen an. Oder Du planst die nächsten Fahrten quer durch Europa, nicht ohne weiterhin von den letzten zu schwärmen.

Ab und zu tauchen dann Deine Freunde auf, und Du zeigst Dich von der besten Seite: Ausflüge, Stadtbesichtigung, Kneipen, und auch uns sollen sie kennenlernen – ohne Rücksicht auf Besprechungen, Gruppenarbeit stehen sie plötzlich mit Dir vor der Tür. Mir bleiben dann vor lauter Schreck, ihnen imponieren zu müssen, die wenigen Vokabeln im Hals stecken. Doch Du machst immer weiter Programm. Ob so die Touren »Europa in 7 Tagen« aussehen?

Einmal ist es mir gelungen, einen der spanischen Studenten, Juan Carlos, näher kennenzulernen. Ich habe entdeckt, daß er eigentlich ganz »normal« ist. Er hat mir auch geschrieben, von seinem Alltag an der Uni, von Kleinigkeiten, wie den langen Busfahrten, bei denen ständig amerikanische Filme gezeigt werden. Es war ein sehr holpriges Englisch, doch ich habe alles kapiert und zurückgeschrieben. Dabei habe ich gemerkt, wie leicht man beim Schreiben ins Übertreiben geraten kann: es war leichter zu berichten, daß der Jugendtag neulich ein voller Erfolg war, statt zuzugeben, daß wir einige »Neue« bei den Einladungen völlig übersehen hatten. Und daß die Spanier bei uns in der Gemeinde zwar den Pfarrsaal mitbenutzen dürfen, wir sie sonst aber nicht kennen und nur beim Pfarrfest ihre Tänze als bunten Farbtupfer brauchen – davon habe ich auch lieber nichts geschrieben.

Je länger der Brief wird, desto weniger Wut habe ich noch. Doch eine Bitte: Spiel nicht immer den großen Fremdenführer – Deine Freunde würden sicher auch gerne mal allein losziehen. Vielleicht interessiert sich ja nicht nur Juan Carlos für unseren Alltag. Hast Du nicht selbst immer begeistert vom »ganz normalen« Familienleben erzählt, das Du bei anderen erlebt hast?

Und: denk daran, daß die meisten Wochen des Jahres keine Ferien sind (leider). Deshalb pack nicht alle Deine Ideen, Gefühle und Hoffnungen in die Briefumschläge – wir können sie hier auch gebrauchen. Und Dich!

Wenn Du Dich mal blicken läßt, kannst Du Porto sparen . . .

Christine

Ein zweites Mal

***Könnte ich mein Leben noch einmal von vorn beginnen,
würde ich versuchen, mehr Fehler zu machen.
Ich würde alberner sein, würde ganz locker werden,
nur noch ganz wenige Dinge ernst nehmen.
Ich würde entschieden verrückter sein und weniger reinlich.
Ich würde mehr Gelegenheiten beim Schopfe ergreifen
und öfters auf Reisen gehn.
Ich würde mehr Berge ersteigen,
mehr Flüsse durchschwimmen
und mehr Sonnenaufgänge auf mich wirken lassen.
Ich würde mehr Schuhsohlen durchlaufen,
mehr Eis und weniger Bohnen essen.
Ich würde mehr echte Probleme
und weniger eingebildete Nöte haben.
Wie sie bemerkt haben werden,
bin ich eine von denen,
die vorsorglich, vernünftig und gesund leben,
Stunde für Stunde,
Tag für Tag.
Nun, ich habe meine verrückten Augenblicke,
aber wenn ich noch einmal von vorn anfangen könnte,
würde ich mehr verrückte Augenblicke haben –
genau gesagt: Augenblicke,
einen nach dem andern,
und nichts mehr
von Plänen zehn Jahre voraus.
Wissen sie, ich bin eine von denen,
die für alle Fälle Thermometer, Wärmflasche,
Gurgelwasser, Regenmantel und Fallschirm
bei sich haben.
Hätte ich ein zweites Leben,
ich würde sie zu Hause lassen.
Könnte ich mein Leben noch einmal von vorn beginnen,
ich würde in aller Herrgottsfrühe
barfuß in den Frühlingsmorgen laufen
und als letzte sagen: Jetzt ist der Herbst dahin.
Ich würde mehr Hockey spielen,
und vom Karusell würden sie mich nicht
mehr herunterbringen.***

Gertrude Wilkinson

Jung geblieben

Ich habe immer geglaubt, mit achtzig wäre man alt, aber jetzt bin ich anderer Ansicht. Es gibt Zeiten, in denen ich mich wie ein Junge fühle. Solange man imstande ist, zu bewundern und zu lieben, solange ist man jung. Und es gibt so viel zu bewundern und zu lieben.

Pablo Casals

Wünsch dir was

Der neugewählte Präsident trug die Maske des strahlenden Siegers zur Schau. Doch dahinter quälten ihn Zweifel. Schließlich hatte er schon viele auf dem steilen Weg nach oben stolpern und fallen sehen. Er kannte die Fußfallen, die Intrigen und scheinheiligen Berater, die ihm von der Stimmung im Volk erzählten.

Heimlich, als die Wahlparty vorbei war, schlich sich der Präsident zu einem Psychotherapeuten, der als besonders klug und weise und als unbestechlich galt. Den bat er um ein Erfolgsrezept; schließlich standen in fünf Jahren spätestens wieder Wahlen an. Doch der Psychotherapeut fragte zurück: »Welche Eigenschaft wünschen sie sich selbst für das Amt des Präsidenten?« Nach einigem Überlegen antwortete der Politiker: »Ein hörendes Herz, damit ich regieren und das Gute vom Bösen unterscheiden kann.« Und er regierte bis ins hohe Alter ein zufriedenes Volk.

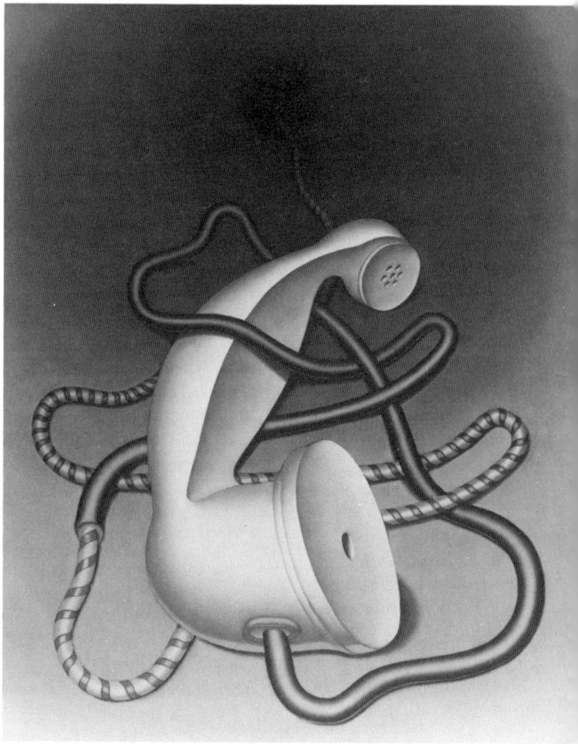

Kein modernes Märchen, sondern die Geschichte aus dem 1. Buch der Könige *im Alten Testament. Natürlich ging König Salomon, der um 925 vor Christus gestorben sein soll, nicht zu einem Psychotherapeuten. Nachdem er aus dem Streit mit seinen Brüdern um die Nachfolge seines Vaters, König David, als Sieger hervorgegangen war, brachte er Gott ein Opfer dar. Da soll Gott ihm im Traum erschienen sein, den Wunsch Salomons nach einem »hörenden Herzen« erfüllt haben und ihm Weisheit, Reichtum und ein langes Leben dazugeschenkt haben. Tatsächlich war seine Regierungszeit eine Zeit des Wohlstandes und äußeren Friedens für Israel, in der viele Aufzeichnungen der Literatur, der Geschichte und des weisheitlichen Denkens entstanden.*

was ich dir einmal sagen möchte . . .

ich bin einsam
aber ich sagte es dir nicht.
ich habe angst
aber ich sagte sie dir nicht laut.
ich weinte
dabei zeigte ich dir ein lachendes gesicht.
ich sehnte mich nach deiner hand
aber ich hielt dir meine hand nicht hin.
ich wollte mit dir reden
meine worte blieben stumm.
ich hätte gern mit dir geschwiegen
wir drehten die stereoanlage auf.
ich wollte mit dir beten
darüber reden konnte ich mit dir nicht.
ich begegnete dir mit einer maske
wurde ein lachender clown
der in seinem herzen weinte
du merktest es nicht.
ich möchte dein freund sein
ein freund der seine gefühle zeigt
der sich nicht schämt
wenn er hilflos ist.
ich bin mir selbst ein fremder geworden
ein fremder der ich niemals sein wollte
vielleicht war es die angst dich zu verlieren
vielleicht war es die angst seine einsamkeit
akzeptieren zu müssen
vielleicht war es die angst auf jemanden dich
angewiesen zu sein.
ich machte eine therapie
dort lernte ich in meiner traurigkeit
glücklich zu sein
dort fand ich menschen
die mir sagten:
wir akzeptieren dich
nur den immer nur lachenden clown in dir
den wollen wir nicht
die mich fragten:
warum gibst du dich nicht
wie du jetzt bist?

Raimund Volbers

Aus dem Ferientagebuch

1. Tag: »Dorftrottel« habe ich nicht gerade gedacht, aber als die drei vom Heuwagen sprangen, war der Unterschied doch deutlich: keine Jeans, sondern abgeschnittene Stoffhosen, die Haare voll Stroh, und im Kopf...? Drei Wochen sollten wir mit einer Kindergruppe auf einem Bauernhof Ferien machen, irgendwo oben in den Bergen von Südtirol. Die drei – zwischen 16 und 22 – bemühten sich, mit uns Hochdeutsch zu reden, gaben uns Tips für die Wanderungen. Nicht nur die Kinder, auch Edith verdrehte die Augen.

6. Tag: Während der Mittagspause habe ich beobachtet, wie Michael, der mittlere von den dreien, in einem Schuppen verschwindet. Edith und ich haben gewettet: Entweder züchtet er Kaninchen oder er döst vor sich hin, bis der Traktor wieder startklar zur Heuernte ist. Wir packten den Walkman ein und schlichen zum Schuppentor. Es quietschte, und Michael fuhr herum. Er war ein bißchen rot geworden, aber er ließ uns herein. Auf dem sauber gefegten Holzboden standen ein alter Tisch und zwei Stühle. Daneben eine Staffelei. Michael wischte noch Ölfarbe an dem alten Hemd ab. Seit zwei Jahren male er fast jeden Tag hier. Er hätte nicht das gleiche machen wollen wie seine Brüder. Michael erzählte, daß Alois auch Klavier und Synthesizer in einer Band spiele. Und Sepp leite den Jugendchor im Nachbardorf und habe schon drei Lieder selbst komponiert. Wenn die so gut sind wie die Bilder von Michael, dachte ich, als ich im Schuppen herumging. Keine Spur von röhrenden Hirschen oder Alpenglühen. Abstrakte Formen, die an Pflanzen erinnerten oder geometrische Konstruktionen. Bleistiftzeichnungen, als hätte er ganz vorsichtig das runzelige Gesicht seiner Großmutter festhalten wollen.

10. Tag: Edith verschwindet mittags öfter im Schuppen, und am Samstag haben die drei uns mitgenommen ins Dorf zum Feuerwehrball. Die anderen Betreuer hatten gemeint, von solchen Sachen hielten sie nichts. Demnächst würden wir wohl im Dirndl kommen. Wir haben viel getanzt und gelacht. Ich war kaputter als nach mancher Fete zu Hause.

12. Tag: Heute hat mich Edith gefragt, ob wir nicht zu Hause mal wieder unsere Gitarren rausholen sollten. Mal sehen, ob wir aus der Jugendmusikschule inzwischen alles verlernt haben.

Bei der Rückfahrt im Bus: Edith ist ziemlich schweigsam. Auch ohne *Genesis-Musik* aus dem Walkman hatte sie so einen Blick. Schließlich rückte sie raus damit: Michael hatte ihr eine Zeichnung geschenkt. Und sie will versuchen, ihre Eltern zu überreden, daß sie nicht mit ihnen zum Ski-Urlaub nach Frankreich muß. Da konnte ich nur staunen, denn seit Wochen hatte sie schon von dem Hotel mit Schwimmbad, Disko und Prominenz geschwärmt.

Unverwechselbar

Ich bin berufen,
etwas zu tun oder zu sein,
wofür kein anderer berufen ist.
Ich habe einen Platz
in Gottes Plan,
auf Gottes Erde,
den kein anderer hat.
Ob ich reich oder arm bin,
verachtet oder geehrt
bei den Menschen,
Gott kennt mich
und ruft mich
bei meinem Namen.

John Henry Newman

Weißt du

Weißt Du
ich
ich war heute bei dir
So vieles wollte ich dir erzählen
nach Möglichkeit das ganze Wochenende
wie einen Film vorführen
jede Einzelheit wollte ich dir zeigen
doch du hattest Besuch, Verwandte seien da
und ich merkte schon wieder keine Zeit
Es drängte mich wie ein enttäuschter Verlierer
wegzukommen
Schon oft ging es mir so
Jedoch komme ich immer wieder, um bei dir
auf einen Sprung vorbeizuschauen
Es gefällt mir bei dir
Weißt du
ich
ich mag dich
vielleicht liebe ich dich sogar
das
    weiß ich

Resi

Das Gleichnis vom bittenden Freund

Dann sagte er zu ihnen: Wenn einer von euch einen Freund hat und um Mitternacht zu ihm geht und sagt: Freund, leih mir drei Brote; denn einer meiner Freunde, der auf Reisen ist, ist zu mir gekommen, und ich habe ihm nichts anzubieten!, wird dann etwa der Mann drinnen antworten: Laß mich in Ruhe, die Tür ist schon verschlossen, und meine Kinder schlafen bei mir; ich kann nicht aufstehen und dir etwas geben? Ich sage euch: Wenn er schon nicht deswegen aufsteht und ihm seine Bitte erfüllt, weil er sein Freund ist, so wird er doch wegen seiner Zudringlichkeit aufstehen und ihm geben, was er braucht.

Lk 11,5–8

Mein Lachen scheint dir wie ein Sommertag,
doch wenn ich nicht mehr lachen kann,
was tust du, wenn ich nicht mehr weitermag,
wenn ich dich brauche, finde ich dich dann?

D. Buskin

Gebraucht werden

Wenn mich einer fragt,
ob ich am Leben hänge,
ich muß sagen: Das ändert sich.

Leben –
Kinderaugen, Vogelstimmen,
Tautropfen auf einer Rose.
Zerbrechliche Kostbarkeit macht mich weich,
offen, voll Sehnsucht.
Leben –
Pläne, Verheißungen, Ziele.
Die Stimmung des Aufbruchs treibt mir
das Blut in die Schläfen.
Leben: Ich spüre, daß ich da bin,
die Erfahrungen der Buntheit der Welt
und die Herausforderung
zu neuen Ufern
machen mir Herzklopfen.

Aber wenn ich allein bin,
so allein, daß ich mich gar nicht mehr spüre,
wozu soll ich dann leben?
Wenn niemand mir die Hand
auf den Arm legt,
wenn es egal ist, ob es mich gibt, was soll's?

Wie von weitem fällt mir ein,
daß mir einer die Hand auf den Kopf legte
und meinen Namen sagte:
Ich bezeichne dich mit dem
Zeichen des Kreuzes.

Das ist doch seltsam, daß ich daran
noch nie dachte:
Eigentlich brauchen die mich,
wenn sie es wirklich so meinen.

Günter Biemer

Zwei Eisblöcke

Es waren einmal zwei Eisblöcke. Das Verhältnis zwischen ihnen war sehr kühl, was nicht unverwunderlich ist. Der eine dachte: Warum kommt der andere nicht näher zu mir? Aber der Eisblock konnte nicht gehen und kommen. Da dachte der eine: Wenn der andere auftaut, dann taue ich auch auf. – Aber weil der Eisblock nicht von selbst auftaute, taute keiner von beiden auf.

So geschah es, daß niemand auf sie zukam und jeder noch mehr in sich selbst vereiste. Nach Monaten – oder war es nach Jahren? – entdeckte der eine Eisblock eines Mittags, als die Sonne strahlte, daß er schmelzen konnte, und er sah, daß er sich zu Wasser verflüssigte und daß er doch noch er selber war.

Auch der andere machte diese wunderbare Entdeckung. Über die ganz alltäglichen Wassergräben flossen sie aufeinander zu. Sie begegneten sich. Zwar spürten sie ihre Kälte noch, aber auch ihre Schwachheit und ihren guten Willen, ihre eigene Not und die von anderen. Sie fanden, daß sie einander nötig hatten und zusammenbleiben müßten.

Da kam ein Kind, und dann noch eins, und noch andere Kinder. Und die ließen kleine Schiffe auf dem großen, starken Wasser fahren. Sie hörten, daß die Kinder glücklich waren. Und diese Freude spiegelte sich wie eine Sonne im Wasser.

Hubert Ritt

OTTO MODERSOHN *(1865–1943) malte 1911 die »Lampionfahrt auf der Wümme«. Er lebte lange in Norddeutschland und versuchte dort, anders als die Vertreter des Realismus, die Stimmungen der Moorlandschaft in seinen Bildern einzufangen; ähnlich einem Dichter, der die Natur beschreibt.*

Mögen sich die Wege
vor deinen Füßen ebnen,
mögest du
den Wind im Rücken haben,
möge die Sonne warm
dein Gesicht bescheinen,
mögen die Regentropfen
sanft auf deine Felder fallen,
und,
bis wir uns wiedersehen,
möge Gott
seine schützende Hand
über dir halten.

Altirischer Segenswunsch

3 Von verpaßten und unverhofften Chancen

Spracherbe

Spanne mich nicht
auf die Folter
ich fühle mich
wie gerädert
gebrandmarkt
das ist mir peinlich
ich sitze
wie auf glühenden Kohlen

Zieh mich nicht auf
du willst mir nur
eins auswischen
etwas aus mir
herausquetschen
mich an der Zunge ziehen
mir eins aufbinden
du peinigst mich
bis aufs Blut

Dem werden wir
es eintränken
die Daumenschrauben anlegen
etwas Feuer unter
dem Hintern machen
eins überbraten
den werden wir
schon weich kriegen
ihm einheizen
dann wird er schon
singen

Wolfgang Bittner

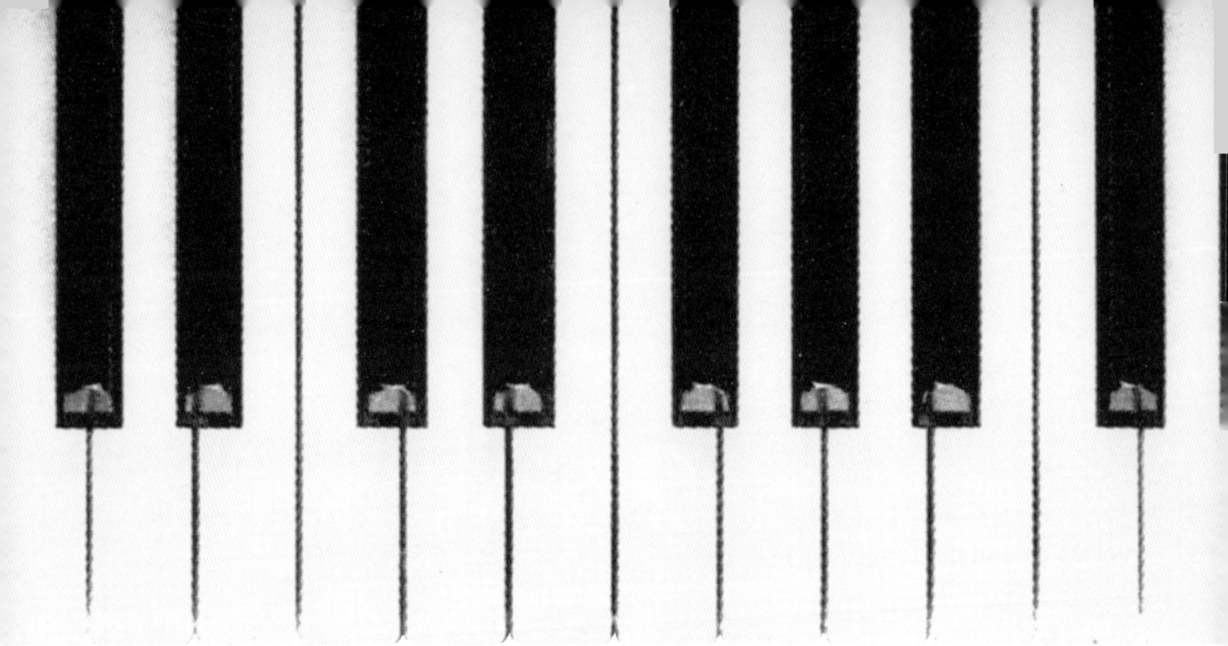

Schwarz und weiß

Keiner wußte nachher mehr zu sagen, wann sie angefangen hatten, sich einheitlich zu kleiden. Nur an die Proteste ihrer Mütter konnte sich der eine oder andere noch dunkel erinnern; an die ironischen Bemerkungen der Väter, als das Haarspray und das Gel im Badezimmer standen. Die stoppelig geschnittenen Haare möglichst steil nach oben stehend, manche hatten sie schwarz gefärbt, passend zu den schwarzen T-Shirts, Hosen und Pullovern. So fielen sie auf, wenn sie zusammen vor dem Jugendheim saßen – *Einigkeit macht stark.*

Ungefähr zur gleichen Zeit tauchten die anderen auf: weiß gekleidet, mit hellblonden Haaren. Die Stadt war zwar groß genug, manchmal liefen sie sich dennoch über den Weg, ohne sich jedoch eines Blickes zu würdigen. Die anderen in der Schule und im Jugendheim hatten schon Wetten abgeschlossen, wie lange sie ihre »Mode« wohl durchhalten würden. Dann, bei einer Fete im Jugendheim wurde es ernst: Die schwarze Kleidung unterstrich noch die Blässe im Gesicht von Michael, der auf einmal mitten im Raum stand. »Draußen warten die Weißen auf mich. Einer hat ein Messer dabei. Ich habe Angst.« Auch die anderen waren verstört. Die Polizei anrufen? Die Tür zusperren? Die Eltern darum bitten, sie – wie kleine Zwölfjährige – abzuholen? Und wenn es eine Messerstecherei gäbe?

Es war Silke, die dann hinausging zu den andern, die mit den Bierflaschen in der Hand breitbeinig auf der Straße standen. Silke gehörte nicht zu den Schwarzen, vielleicht hörten die Weißen ihr deshalb zu. Die anderen beobachteten die Szene vom Fenster aus. Doch nichts Aufregendes geschah: Silke ging wieder auf das Jugendheim zu, die Weißen schlenderten die Straße hinunter – betont lässig.

Den Schwarzen war die Erleichterung anzusehen, als Silke mit ihnen sprach. Und nach einem Bier gingen sie nach Hause. Am nächsten Tag, das hatte Silke vorgeschlagen, saßen sie sich dann im Jugendheim gegenüber, die Schwarzen und die Weißen. Skeptische Blicke, dann rückten sie mit der Sprache heraus:

Einer der Schwarzen hätte sich über sie, die Weißen, lustig gemacht. Sicher, sie seien fast alle Lehrlinge und hätten nur Hauptschulabschluß. Da würden sich die Schwarzen als was Besseres fühlen. Die wiederum verteidigten sich: sie seien eben im Reden besser, schließlich sei das ja wichtiger als diese Kraftmeierei und das Drohen mit Schlägereien. So was Primitives. Das brachte die Weißen wieder in Wut. Ob sie denn wüßten, wie das bei der Lehre lief, wenn in der Werkstatt einer auf die Arbeit des anderen neidisch sei? Da würde es schon mal Handgreiflichkeiten geben. Sie hätten es da gut in ihren Klassenzimmern.

Es war nicht wie in den Karl-May-Büchern. Sie rauchten keine Friedenspfeife, nicht einmal eine Zigarette, doch wollten sie sich in Ruhe lassen: die einen würden sich weiter vor dem Jugendheim treffen, die anderen am Brunnen auf dem Marktplatz. Waffenstillstand also.

Wenn sie sich nun begegnen, nicken sie sich kurz zu. Und es soll sogar bei manchen schon zu einem Gespräch gekommen sein. Jedenfalls wundern sich manche, daß Schwarze und Weiße es mit ihrer Kleidung nicht mehr ganz so genau nehmen. Gestreiftes oder Kariertes in Schwarz-Weiß, damit fing es an, und im Frühjahr kam sogar Farbe ins Spiel.

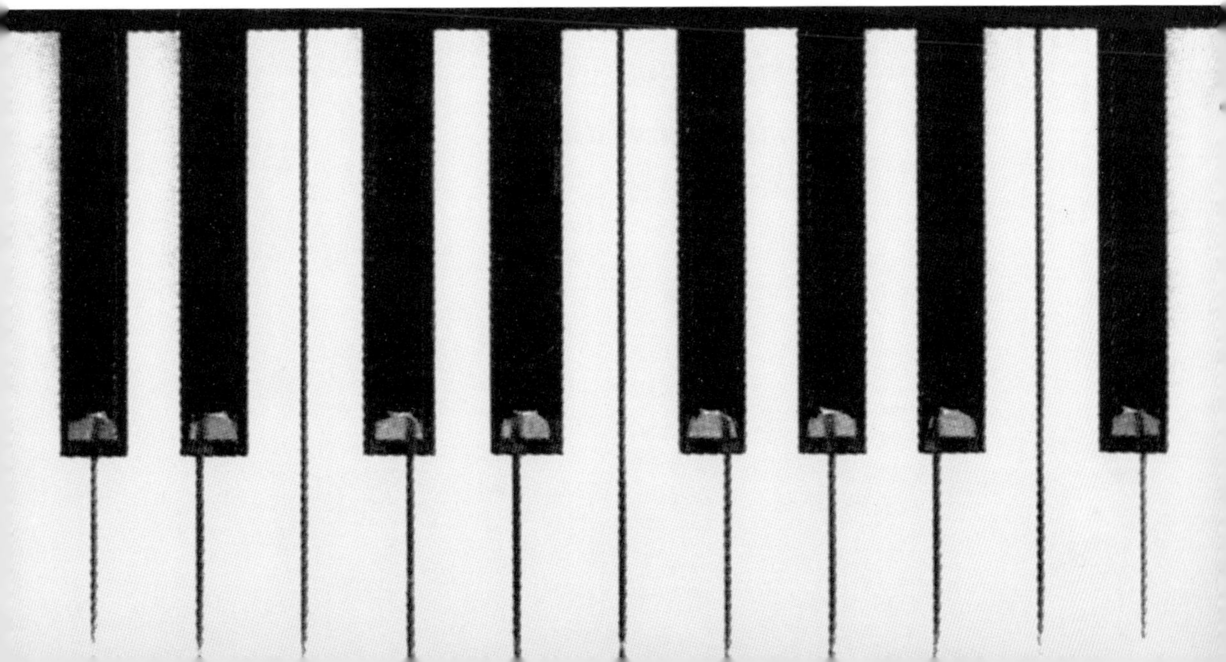

Aber sie träumt

Mit Siebenmeilenwünschen
um den Nabel
der Erde

Sie baut Berge
im Tal
spricht Wasserfälle
schweigt Fischgedanken

Schlaf
hat kein Bett
in ihrem Haus

aber
sie träumt

sie träumt dich
wach

Rose Ausländer

Unter die Haut gegangen

> **LIEBER ARNO!**
>
> Du hast Deinem Leben, das Dir keine Perspektiven für Deine Zukunft aufzeigen konnte, ein Ende gesetzt. Dieser Entschluß kam für uns alle plötzlich und ist schwer zu verstehen. Dein Tod läßt uns unser eigenes Unvermögen spüren, miteinander zu leben. Dein Tod wird uns daran erinnern, mehr aufeinander einzugehen. Wir werden uns bemühen, es in Zukunft besser zu machen.
>
> **Alle, die Dich mögen**

Drei Jahre ist es her, seit wir diese Todesanzeige aufgeben mußten. Wir, die wir gedacht hatten, die Freunde von Arno zu sein. Nie hatte er einen Ton gesagt über seine Angst, an einer unheilbaren Krankheit zu leiden, nie über die Hänseleien geredet, die ihm bei der Bundeswehr unter die Haut gingen. Seine Eltern haben sich später diese Erklärung zusammengereimt; denn bevor er die Tabletten nahm, hat er nicht einmal mehr einen Brief geschrieben.

Bei seiner Beerdigung war ich wie erstarrt, konnte nicht einmal weinen. Wir alle waren wie gelähmt, saßen abends noch zusammen. Bis Martina sagte: »Vorige Woche, da kam er noch abends bei mir vorbei mit dem Motorrad. Ich hatte gerade geduscht und wollte in einer halben Stunde mit meinem Freund los zu einer Fete. Da habe ich ihn noch im Türrahmen gefragt, ob er was Wichtiges hätte. Er hat nur mit dem Kopf geschüttelt und gemeint, er wolle mal sehen, ob von den anderen einer zu Hause sei.«

Nacheinander fielen auch den anderen Szenen mit Arno ein. Klaus hatte ihm stundenlang von seiner neuen Stelle erzählt und den Chancen, Team-Leiter zu werden. »Dabei habe ich überhaupt nicht daran gedacht, daß Arno nach der Bundeswehr erst mal auf der Straße gestanden hätte, weil er die Lehre nur mit Ach und Krach gepackt hatte.«

Wir hatten alle gewußt, daß Arno Bilder malte. Schließlich war sein Onkel nicht nur in unserer Stadt berühmt. »Doch eigentlich zeigte er uns immer seltener seine Skizzen und Bilder, wenn wir ihn besuchten«, erinnerte sich Martina. »Das

Bild, das er mir zum Geburtstag geschenkt hat, habe ich auch monatelang rumliegen lassen, bis es gerahmt wurde. Das hat er wohl mitgekriegt.«

Nur Angelika saß stumm dabei und meinte, das ganze Gerede nütze nichts. »Davon wird Arno nicht mehr lebendig.« Genau erinnere ich mich an diesen Satz und meine Wut. »Weißt du, wer als nächster vielleicht so dran ist wie er? Hast du nie das Gefühl gehabt, von allen im Stich gelassen zu werden? Ich war manchmal froh, daß ich mich wenigstens bei meiner Schwester ausheulen konnte.« Die anderen halfen mir. Geschichten fielen uns ein: als Holgers Freundin mit ihm Schluß gemacht hatte und die anderen über sein trauriges Gesicht ihre Witze machten. Als Michaela von der Alkoholkrankheit ihrer Mutter erzählte und sich die anderen zuprosteten ... Erst nach der Beerdigung erschien unsere Anzeige, und alle haben sich noch mal an Arno erinnert. Ein Foto von ihm hängt in meinem Zimmer. Natürlich sind wir keine Engel geworden, die nur noch für andere da sind. Doch wenn ich mir – zwar widerwillig – Zeit nehme, wenn einer plötzlich in der Tür steht, dann habe ich das Gefühl, als lächle Arno auf dem Foto zufrieden ...

Fair play

Die Regeln des »Fair play« gelten heute nicht nur beim Sport, während das Wort »Nächstenliebe« manchmal zu fromm klingt. Der Psychoanalytiker und Sozialphilosoph Erich Fromm schreibt darüber in dem Buch »Die Kunst des Liebens«, das nach seinem Tod 1980 ein Bestseller wurde:

Die Fairneß-Ethik ist leicht mit der Ethik der Goldenen Regel zu verwechseln. Die Maxime: »Was du nicht willst, das man dir tu, das füg' auch keinem andern zu«, kann man so auslegen, als bedeute sie: »Sei fair in deinem Tauschgeschäft mit anderen.« Tatsächlich jedoch handelte es sich dabei ursprünglich um eine volkstümliche Formulierung des biblischen Gebots: »Liebe deinen Nächsten wie dich selbst.« In Wirklichkeit ist dieses jüdisch-christliche Gebot der Nächstenliebe etwas völlig anderes als die Fairneß-Ethik. »Seinen Nächsten lieben« heißt, sich für ihn verantwortlich und sich eins mit ihm zu fühlen, während die Fairneß-Ethik das Ziel verfolgt, sich **nicht** ***verantworlich für ihn und eins mit ihm zu fühlen, sondern von ihm getrennt und distanziert zu sein; sie bedeutet, daß man zwar die Rechte seines Nächsten respektiert, nicht aber daß man ihn liebt. Es ist kein Zufall, daß die Goldene Regel heute zur populärsten religiösen Maxime geworden ist. Weil man sie nämlich im Sinn der Fairneß-Ethik interpretieren kann, ist es die einzige religiöse Maxime, die ein jeder versteht und die ein jeder zu praktizieren bereit ist. Aber wenn man Liebe praktizieren will, muß man erst einmal den Unterschied zwischen Fairneß und Liebe begriffen haben.***

Francis Bacon: Liegende Figur Nr. 2 (1953) ▷

Kein Mitleid mit Jürgen

Kennengelernt habe ich ihn bei einer Wochenendtagung in einem Jugendbildungshaus. Wir haben zusammen gemalt, sind spazierengegangen, haben viel geredet und zugehört, haben eine Fete gefeiert und sind viel zu spät ins Bett gekommen. Natürlich gab es Verständigungsschwierigkeiten wie immer, wenn sich Menschen zum ersten Mal begegnen. Und auch Streit. Das war nachts gegen vier, als die meisten schon schliefen. Jürgen und seine zwei Freunde hatten es sich in den Kopf gesetzt, noch einen Kasten Bier auf ihr Zimmer zu schleppen. Da bin ich wütend aus meiner Tür geschossen und habe sie angefahren wegen des Lärms, den sie dabei veranstalteten.

Sonntagnachmittag hat Jürgen mich dann in seinem Auto mitgenommen bis in die Stadt. Ich werde nie die entsetzten Blicke der Autofahrer neben uns vergessen. Es war wirklich komisch, vor allem wenn die Ampel auf Grün umsprang. Dabei ließ Jürgen weder den Motor absaufen noch aufheulen. Obwohl er erst seit einem halben Jahr den Führerschein hat.

Doch an den Ampeln glaubten die anderen Fahrer wahrscheinlich, er würde am Seitenfenster raussehen statt nach vorne. Sein Kopf ist tatsächlich meist zur Seite gewandt, doch das liegt an der spastischen Lähmung. Auch seine Sätze sind manchmal schwer zu verstehen. Beim ersten Kaffeetrinken habe ich allen Mut zusammengenommen und ihn gefragt, ob es ihm lieber ist, wenn ich rate, was er meint oder ihn bitte, den Satz noch einmal zu wiederholen. Auch das ist Übungssache. So wie ich jetzt ganz gelassen zuschauen kann, wenn er oder einige seiner Freunde sich den Kaffee eingießen, zwar mit ungewöhnlichen Bewegungen, aber ohne Überschwemmungen zu verursachen.

»Da muß man ja Mitleid haben«, sagte meine Freundin, als sie Jürgen zum ersten Mal sah. Mitleid mit diesem Zwei-Meter-Kerl, der nicht nur was seinen Beruf angeht ein Selbstbewußtsein für drei hat? »Lern ihn kennen, dann wird dir dein Mitleid schnell vergehen«, habe ich ihr nur gesagt.

Es gab dann aber eine Zeit, wo er mir doch leid tat. Das war, als er jeden Tag anrief und sich offensichtlich in mich verliebt hatte. Jeden anderen hätte ich links liegengelassen oder mit ein paar ironischen Bemerkungen verletzt. Doch würde Jürgen nicht meinen, daß ich nur wegen seiner Behinderung einen Rückzieher machte? Ich versuchte, ihm aus dem Weg zu gehen. Bis er mich zur Rede stellte und ich ihm ins Gesicht sagen mußte, daß er nur ein guter Freund sei. Nicht mehr. Ich hatte ganz weiche Knie, ob er das wohl verkraften würde. Er sah auch ganz käsig aus, doch dann rang er sich zu einem Grinsen durch. »Besser als wenn du wie eine Krankenschwester mit mir geredet hättest, und jetzt laß uns Kaffee trinken gehen.« Den Satz hatte ich sofort verstanden.

An die
Pfarrjugend von St. Ignatius
Bachstraße 10 - 12

7863 Niederdorf

Betrifft: Mitgliedschaft in der Pfarrjugend

Liebe Freunde,

hiermit möchte ich Euch mitteilen, daß ich aus der Pfarrjugend austreten möchte. Ich kann mir ganz gut Eure überraschten Gesichter vorstellen. Nein, es geht nicht um den Mitgliedsbeitrag, den ich sparen will, weil ich ja noch über elf Monate bei der Bundeswehr sein werde. Im Gegenteil.

Die ersten Wochen habe ich mich immer darauf gefreut, freitags möglichst früh einen Zug zu erwischen und Euch dann noch am gleichen Abend, spätestens aber am Samstag oder Sonntag nach dem Gottesdienst zu treffen. Doch nach der Begrüßung stand ich dann stumm daneben, denn Ihr habt ja immer so viel zu besprechen: die nächste Dritte-Welt-Aktion, den Spielnachmittag für die Kindergruppen, den Meßdiener-Ausflug, die nächste Jugendmesse. An den ersten Wochenenden habe ich noch versucht, Euch meine Mitarbeit anzubieten. Doch Euch war das zu unsicher, denn es hätte ja sein können, daß ich ausgerechnet an diesem Tag eine Übung hätte. "Der Feind lauert schließlich überall", hat einer noch ironisch gesagt.

Ich weiß ja, daß viele von Euch meine Entscheidung nicht verstanden haben, zur Bundeswehr zu gehen, statt den Wehrdienst zu verweigern. Und manchmal bin ich auch ganz schön neidisch auf die Zivildienstleistenden. Sicher, ihre Arbeit bei der Sozialstation oder im Heim ist auch sehr hart, doch sie können weiter im Jugendchor mitsingen, sie gehören eben weiter dazu.

Ich habe immer gedacht, daß wir nicht nur ein Organisationskomitee sind, in dem jeder seine bestimmten Aufgaben hat. Hieß nicht einmal das Thema eines Jugendgottesdienstes: "Einer trägt des andern Last, einer ist beim andern Gast?" Was ist denn mit denen, die krank werden, in der Prüfung stecken, keine Zeit haben, beim Bund sind?

Nächstes Wochenende habe ich wieder frei und komme nach Hause. Wenn Ihr wollt, können wir noch mal darüber reden. Von mir aus ist die Kündigung nur vorläufig ...

Euer Martin

Einer allein

Zwei sind besser als einer allein,
falls sie nur reichen Ertrag
aus ihrem Besitz ziehen.
Denn wenn sie hinfallen,
richtet einer den anderen auf.
Doch wehe dem, der allein ist,
wenn er hinfällt,
ohne daß einer bei ihm ist,
der ihn aufrichtet.

Außerdem:
Wenn zwei zusammen schlafen,
wärmt einer den anderen;
einer allein – wie soll er warm werden?
Und wenn jemand einen einzelnen
auch überwältigt,
zwei sind ihm gewachsen,
und eine dreifache Schnur
reißt nicht so schnell.

Koh 4,9–12

WANN haben wir dich entmutigt gesehen und weiter laut-stark über den »Fall« diskutiert, daß deine Liebe zu ihr nie eine Chance hatte?

WANN haben wir dich fassungslos und verloren auf der Straße stehen sehen und haben einen Bogen um dich gemacht?

WANN haben wir dich traurig gesehen und sind mit einem raschen Blick auf die Armbanduhr und einem Schul-terzucken weitergegangen?

WANN haben wir dich im Krankenhaus nach der Diagnose des Arztes gesehen und haben uns hinter einer Schallplatte und billigem Trost versteckt?

WANN haben wir dich stumm gesehen und deine Hilflosig-keit für Arroganz gehalten?

Nicht da ist man daheim, wo man seinen Wohnsitz hat,
sondern wo man verstanden wird.

Christian Morgenstern

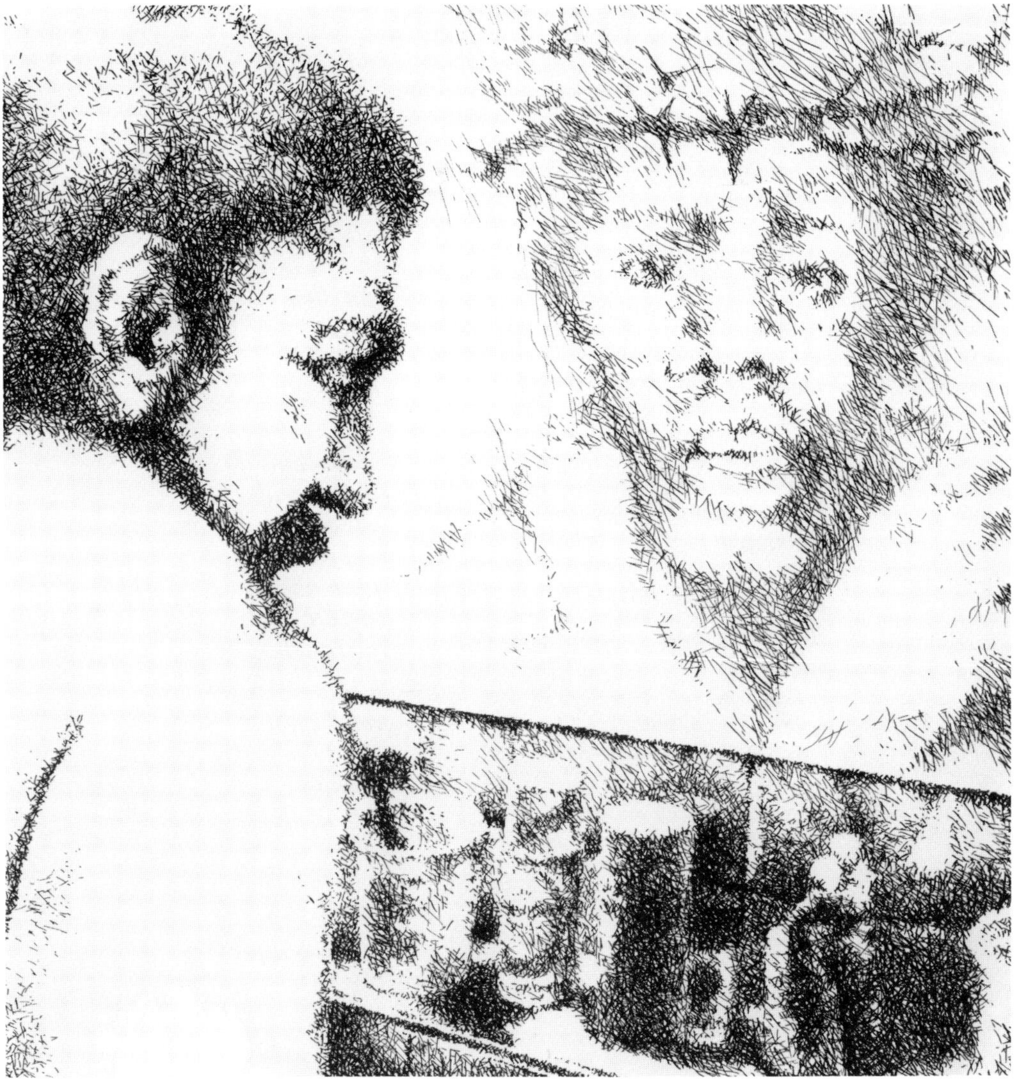

Was ihr für einen meiner geringsten Brüder getan habt,
das habt ihr mir getan.

Mt 25,40

Auferstehung

manchmal
triffst du
einen
auge in auge
der dich
nicht
liegen läßt
wenn er
ruft
steh auf
kannst du
nicht anders
du stehst
auf
auch wenn du
liegen bleiben
willst
müde und
tot

seine stimme
geht dir
unter die
haut
läßt dich
tanzen
hebt dich
in die
luft

auch wenn du
fliehen willst
voll angst
und furcht
seine nähe
gibt dir
vertrauen

lauf
wenn du ihn
triffst
du läufst
ihm
mitten
in die
arme

wilhelm bruners

4 Wo die Liebe hinfällt

Wo die Liebe hinfällt

Ein Teil der Liebe fiel auf den Weg,
doch die Menschen achteten nicht darauf
und zertraten sie.

Ein Teil der Liebe fiel auf felsigen Boden
und ging sofort auf, weil die Erde nicht tief war.
Als aber die Sonne hochstieg,
verdorrte die Liebe,
weil sie keine langen Wurzeln hatte.

Ein Teil der Liebe fiel in die Dornen,
und als die zarten Pflanzen wuchsen,
wurden sie von dem Gestrüpp erstickt.

Ein Teil der Liebe fiel auf guten Boden
und wuchs zu kräftigen Pflanzen heran.
Manchmal rissen Menschen mutwillig Triebe aus.
Doch das machte sie nur noch kräftiger,
und weder Sturm noch Regen schadeten ihr.

Sicherheits-Test für Verliebte

Bitte kreuzen Sie und Ihr(e) Partner(in) getrennt voneinander die passenden Antworten an und vergleichen Sie die Ergebnisse:

Ich bin für

- Urlaub in den Bergen ☐
- Urlaub an der See ☐

Meine Hobbys sind

- Briefmarken sammeln ☐
- Fußballspielen ☐
- Tennis ☐
- Surfen ☐

Ich bin

- morgens früh auf den Beinen ☐
- ein Abendmensch ☐

Ich möchte

- alle freie Zeit mit dem Partner teilen ☐
- jede Woche einen Abend allein verbringen ☐
- meine Freunde nicht vernachlässigen ☐
- mich ganz dem anderen anpassen ☐

Ich bin

- für gemeinsames Konto ☐
- getrennte Konten ☐

Ich richte mich ein

- mit modernen Möbeln ☐
- mit antiken Möbeln ☐

Abends möchte ich

- ins Rockkonzert ☐
- in die Oper ☐
- ins Kabarett ☐
- vorm Fernseher sitzen ☐

Ich bin

- für gemeinsame Hausarbeit ☐
- für den Haushalt als Reich der Frau ☐

Ich

- gehe einem Streit nicht aus dem Weg ☐
- warte bis der Zorn verraucht ist ☐

Solche Tests werden erfunden, um das »Profil« eines Menschen herauszufinden, die Kombination seiner verschiedenen Eigenschaften und Einstellungen. Zum Beispiel glauben Ehevermittlungs-Institute so herauszufinden, welche Frau zu welchem Mann passen kann und umgekehrt; z.B. weil beide gerne in die Oper gehen, muß es deshalb schon mal keinen Streit geben ...

Totale Übereinstimmung in allen Ansichten, Hobbys, Eigenschaften – davon träumt jeder. Ein Freund oder eine Freundin »wie gemalt« mit den Farben und Umrissen, die ich für ideal halte. Nur: was gäbe es dann noch am anderen zu entdecken, wie auf dem Bild rechts mit den vielen Farbklecksen? Die Palette würde eintrocknen, denn das Bild vom anderen wäre schon eingerahmt.

Oder suche ich jemanden, der noch nicht in einen Rahmen gezwängt ist, bei dem es noch vieles zu entdecken gibt wie auf dem Bild rechts? Vielleicht könnten wir ja gemeinsam die Farb-Palette nehmen und weitermalen, die Licht- und die Schattenseiten, die dunklen und hellen Stellen. Und sicher würde ein solches Bild den engen Rahmen der Fragen nach Hobbys und Urlaubswünschen sprengen.

Jim Dine: Vergnügungs-Palette (1969) ▷

»Schau mir in die Augen, Kleines«

. . . sagt Humphrey Bogart in ›Casablanca‹, und mein Freund neben mir versucht, mit einer neuen Sorte besonders laut raschelnder Chips meinen Hunger auf eine Liebe wie im Film zu bekämpfen.

Da stehen wir auf einer Wiese
mitten unter dem Sternenhimmel
und statt mir die Venus zu zeigen,
erklärt er mir lang und breit
die Umlaufbahn der Satelliten.

Ich bin mit der Fehlinformation aufgewachsen, Frösche müßten geküßt werden, um sich in Prinzen zu verwandeln. Gestern habe ich erfahren, daß die Prinzessin den Frosch an die Wand geknallt hat. Jetzt wundere ich mich, warum sich nicht umgekehrt Prinzen in Frösche verwandeln, wenn sie geküßt werden.

Wie die Sängerin, deren Platten
du immer hörst, hatte ich
mir die Haare gefönt. Doch
du guckst nur kurz und
meinst, es wäre vorher besser
gewesen.

Da hatte ich mich herausgeputzt wie ein Gigolo – samt Fliege, die zwickte – und sie ist mit mir zwei Stunden durch den Wald gerannt.

Blumen hatte ich deiner Mutter mitgebracht, und dann habt ihr alle gegrinst und gesagt: »Zuerst das Papier«, das noch aus meiner Jackentasche hing.

Sie hatte die Jeans mit einem rosa Rüschenrock vertauscht und ich das Auto von meinem Vater geliehen. Wir kamen uns beide so verkleidet vor.

Vom ersten Gehalt wollte ich sie zum Essen einladen. Es endete damit, daß wir bei Null Grad auf einer Bank saßen und zusammen Fritten aßen. »Darüber sollten die mal einen Film drehen«, hat sie noch gesagt.

Genauer wünschen lernen

In einem rhythmus leben mit dir
über die gleichen vögel lachen
zusammen aufstehen murren und arbeiten gehen
hungrig werden und mit dir kochen

In einem rhythmus leben gegen dich
lieben wollen wenn du lesen willst
diskutieren wenn du weinst
nüchtern sein wenn du dich betrinkst

Wünschen möchte ich lernen
mit dir und gegen dich
dasein möcht ich für dich
ohne mich aufzulösen

Dein bin ich und nicht dein
aber immer noch vielmehr dein
als ich je mein war
was man genaugenommen
für einen gottesbeweis halten kann

Dorothee Sölle

Pablo Picasso: Die Liebenden (1923)

Nachdenklich sehen sie aus, die beiden Verliebten. Der Mann scheint gerade in diesem Moment Neues an ihr zu entdecken. Und wie leicht könnte sie ihre Hand wieder zurückziehen, vielleicht aus Angst vor zu großer Nähe, vor einer Enttäuschung. Unterschiedlich sind die Farben ihrer Kleidung, des Hintergrunds; doch zusammen bilden sie die Farben des Regenbogens. Hätte der Maler sie alle vermischt, die Farben, die Unterschiede: alles wäre grau.

Wenn ein Psychoanalytiker über die Liebe schreibt . . .

Demut und Objektivität sind ebenso unteilbar wie die Liebe. Ich kann meiner Familie gegenüber nicht wirklich objektiv sein, wenn ich es dem Fremden gegenüber nicht sein kann, und umgekehrt. Wenn ich die Kunst des Liebens lernen will, muß ich mich in jeder Situation um Objektivität bemühen und ein Gespür für solche Situationen bekommen, in denen ich nicht objektiv bin. (. . .) Wenn man sich die Fähigkeit zu Objektivität und Vernunft erworben hat, hat man den Weg zur Kunst des Liebens schon halb zurückgelegt, aber man muß diese Fähigkeit gegenüber allen Menschen besitzen, mit denen man in Kontakt kommt. Wenn jemand seine Objektivität nur für den geliebten Menschen reservieren wollte und meint, er könne in seinen Beziehungen zur übrigen Welt darauf verzichten, dann wird er bald merken, daß er hier wie dort versagt.

Die Fähigkeit zur Liebe hängt davon ab, ob es uns gelingt, unseren Narzißmus und die inzestuöse Bindung an die Mutter und die Sippe zu überwinden. Sie hängt von unserer Fähigkeit ab, zu wachsen und eine produktive Orientierung in unserer Beziehung zur Welt und zu uns selbst zu entwickeln. Dieser Prozeß des Sichlösens, des Geboren-Werdens, des Erwachens hat als unumgängliche Voraussetzung den *Glauben*. Die Praxis der Kunst des Liebens erfordert die Praxis des Glaubens.

Erich Fromm

. . . und ein Schriftsteller

Es war ein Liebender, der ohne Hoffnung liebte. Er zog sich ganz in seine Seele zurück und meinte vor Liebe zu verbrennen. Die Welt ging ihm verloren, er sah den blauen Himmel und den grünen Wald nicht mehr, der Bach rauschte ihm nicht, die Harfe klang ihm nicht, alles war versunken, und er war arm und elend geworden. Seine Liebe aber wuchs, und er wollte viel lieber sterben und verkommen, als auf den Besitz der schönen Frau verzichten, die er liebte. Da spürte er, wie seine Liebe alles andre in ihm verbrannt hatte, und sie wurde mächtig und zog und zog, und die schöne Frau mußte folgen, sie kam, er stand mit ausgebreiteten Armen, um sie an sich zu ziehen. Wie sie aber vor ihm stand, da war sie ganz verwandelt, und mit Schauern fühlte und sah er, daß er die ganze verlorene Welt zu sich her gezogen hatte. Sie stand vor ihm und ergab sich ihm, Himmel und Wald und Bach, alles kam in neuen Farben frisch und herrlich ihm entgegen, gehörte ihm, sprach seine Sprache. Und statt bloß ein Weib zu gewinnen, hatte er die ganze Welt am Herzen, und jeder Stern am Himmel glühte in ihm und funkelte Lust durch seine Seele. – Er hatte geliebt und dabei sich selbst gefunden. Die meisten aber lieben, um sich dabei zu verlieren.

Hermann Hesse

Danke

Ich möchte jemandem danken.
Du möchtest wissen, wofür,
und ich werde es dir sagen:
Ich bin glücklich, daß der Himmel
in blau-rosa Wolken leuchtet,
daß ich dich vorhin gesehen habe
und spüren durfte, daß du mich liebst.
Ich möchte jemandem danken
für die Liebe,
die ich in deinen Augen sehe
und aus deinen Worten höre.
Wem soll ich danken?
Vielleicht meinen Eltern,
daß sie mir das Leben geschenkt haben?
Oder irgendeinem dunklen Gefühl,
das mich zu dir geführt hat?
Kann ich dieses wunderbare Glück
einfach so hinnehmen?
Es ist so unbeschreiblich schön,
wie die Sonne leuchtet.
Darf ich dich annehmen
wie die Strahlen der Sonne?
Auch wenn ich es dürfte,
ich will es nicht tun
und jeden Tag dankbar sein,
daß ich Liebe aus deinen Augen lese,
daß die Sonne scheint
und keine Atombombe fällt.

Laura, 20 Jahre

Pusteblume

Reiße sie ab und
hänge an jeden Fallschirm
einen Zettel.
Damit es alle wissen,
das mit uns,
dann blase ich.

Guntram Balzer, 21 Jahre

Ende eines Kapitels

27. Juli
Wie einen Schutzwall habe ich in der Unibibliothek die Bücher vor mir aufgebaut, die Literaturlisten und das Vorlesungsverzeichnis hingelegt. In den Semesterferien verirrt sich kaum einer hierher, manche liegen draußen auf dem Rasen. »Sich etwas von der Seele schreiben« – damit werde ich heute anfangen.

In Psychologiebüchern geblättert. In einem ist von Trauerphasen die Rede, von Trauer über das Ende einer Beziehung. Gleich sah ich sie wieder vor mir, wie sie mir nach dem Urlaub die Tür öffnete: kein Aufblitzen in den Augen, kein Lachen, sie hielt einen »Sicherheitsabstand« ein, der keinen Händedruck und schon gar keine Umarmung zuließ. Eine Schnecke, die sich in ihr Haus zurückgezogen hat. Ich blieb draußen, ohne die Wärme deiner Hände, deines Gesichts. Erstarrt zur Salzsäule. »Erstarrung«, das schreibt die Psychologin, sei die erste Reaktion. Ich weiß nicht, ob ich erleichtert sein soll, daß es auch für meine Gefühle die passende »Schublade« gibt.

5. August
Mache ich jetzt die Phase der »Auflehnung« durch? Noch immer versuche ich, deine Entscheidung zu verstehen, um sie dann vielleicht ändern zu können ... War der andere denn wirklich so viel liebenswerter? Habe ich dich mit meinen Träumen oder meiner Angst erdrückt? Bist du deshalb weggeflogen? Selbst der Erdbeerkuchen heute schmeckt mir nicht, wenn ich daran denke, wie wir sie vor ein paar Wochen zusammen gepflückt haben.

Gestern habe ich versucht, zu kämpfen, habe mich – betont unauffällig, aber ganz bewußt eingeübt vor dem Spiegel – angezogen für die Fete, habe mit deinen Freundinnen getanzt. Nur damit sie dir hinterher erzählen, was für ein netter Typ ich sei. Und davor habe ich deinem Bruder beim Autoreparieren geholfen, vor eurer Garage. Irgendwann mußtest du ja mal herauskommen. Dann wurde es meine schwerste Übung, denn hinter dir tauchte deine »große Liebe« auf – und ich sollte den »guten alten Freund« spielen. Vielleicht habe ich ihm gegenüber zu sehr angegeben mit meinen Kenntnissen von Getriebe und Lichtmaschine. Du hast jedenfalls gedrängt zu gehen. (Jetzt erst merke ich, daß alles wie ein Brief klingt, ein Brief, den du wohl nie lesen wirst ...)

Dienstag, 7. August
»Das Kapitel ist für mich beendet«, hast du mir erklärt, heute abend auf dem Nachhauseweg. Ich habe gedacht, unser »Buch« wäre besonders spannend, doch du hast es nicht zu Ende gelesen. Ordentlich wie sie nun mal ist, hat sie sicher auch schon unsere Fotos in ihr Album geklebt, während mir die Bilder nicht aus dem Kopf gehen: Blicke über die Köpfe der anderen hinweg; der Abend, an dem wir den Mut gefunden hatten, über unsere Narben zu sprechen. Wie wir hinterher übermütig alles zusammen mit den Kieselsteinen in den Fluß geworfen haben.

Wie wir zusammen auf das Kind deiner Schwester aufpaßten und dabei Zukunftspläne geschmiedet haben, ich als Hausmann.

30. August
In den letzten Wochen haben wir zusammen weitergearbeitet in der Jugendgruppe, bei der Vorbereitung des Kinderfestes. Ich habe versucht, noch ideenreicher und lustiger als sonst zu sein – und dabei immer aus einem Augenwinkel zu ihr rübergeschielt. Manchmal hatte ich das Gefühl, sie beobachtet mich, merkt, wie ich tief Luft holen muß bei bestimmten Sätzen, Zeichen, Liedern, die für uns eine besondere Bedeutung haben – für mich. »Wir sind ein gutes Team.« Mit dieser Bemerkung wollte sie mir wohl eine Freude machen. Mir hat es weh getan, und ich bin schnell weggegangen.

3. September
Es gibt Momente, wenn ich zusammen mit meiner Schwester unterwegs bin oder mitten in der Mensa, wo ich plötzlich feststelle: Es geht auch ohne sie. Die anderen können für mich mehr sein als bloß Statisten bei meinem Rollenspiel für sie. »Beschäftigungstherapie« betreibe ich, habe die Klaviernoten wieder rausgekramt, die Telefonnummer von Bernd, bei dem ich mich seit dem Abitur nicht mehr gemeldet habe. Briefe, die ich schon längst hätte beantworten müssen, liegen fast fertig neben dem Wörterbuch. »Weiter geht die Zeit« heißt das Lied, das mir nicht aus dem Kopf will. So fühle ich mich, auch im Park. Keine Blüten mehr an den Bäumen, die Parkbänke werden wohl nächste Woche weggeräumt. Es hat also keinen Sinn mehr, weiter dazusitzen und mir vorzustellen, du wärst neben mir.

nie wieder

ich hab dich oft gesehn und hab mich nie getraut
mal warn wir nicht allein, mal die musik zu laut
ein blick von dir, ich fang zu zittern an
gehn wir zu mir? – weiß nicht mal ob ich laufen kann
ich red zuviel und lach zu laut
und spür, du hast mich längst durchschaut
geständnisse im weichen licht
und du sagst leise, ich dich nicht
verliebt, verlorn, verbrannt

als ich dich kennenlernte
zeigte
der kilometerstand deines wagens
achtundzwanzigtausend-
dreihundertundvierund-
sechzig
kilometer

vierundvierzigtausend-
sechshundertundachtzig
kilometer
waren es
als du mich verlassen hast
fast eine halbe
erd
um
rundung

Manfred Metzner

gelacht, geweint und weggerannt
und dann im regen stehn
das herz in der hand
nie wieder – bis zum nächsten mal

Ulla Meinecke

Gewinn oder Verlust

»Eine Fehlinvestition«, stellt die Dame hinter dem Bankschalter fest. »Warum haben sie soviel Zeit, Mühe und Geld, Geduld und Gedanken an diesen Menschen verschwendet? Das war keine gute Anlage. Ein Verlustgeschäft, denn nur wenn sie länger zusammengeblieben wären, hätten sie einen respektablen Zinsgewinn erzielt. Alle Gefühle bei einem einzigen anlegen! Misch-Kalkulation, Investment-Fonds – da gleichen sich Gewinn und Verlust zumindest aus.«

»Ein Gewinn«, stellt der Psychologe fest. »Selbst wenn sie im Moment die Trennung noch nicht verschmerzen. Sie haben zum ersten Mal so intensiv mit einem anderen ihr Leben geteilt. Lassen sie sich von ihrer Traurigkeit nicht lähmen. Wenn sie nicht traurig sein könnten, würden sie auch die Glücksmomente nicht so stark empfinden.«

Liebe(r) darüber lachen

Hat Spaß gemacht
dich damals
zu bekochen.
Lauch
oder Grünkohl
Kassler auf Kraut
oder Rouladen.
Morgens
ein selbsterlegtes
Ei zum Frühstück.
Viereinhalb Minuten.
Einmal hab ich eine
Buchstabensuppe
aufgetrieben
als dein erstes Buch
erschienen war.
Den Buchstaben ›i‹
konnten wir nicht finden.
Die vier anderen
hab ich aufgehoben.
Heut les ich: L-E-B-E

Norbert Ney

Der abgerissene Strick kann wieder geknotet werden.
Er hält wieder, aber
Er ist zerrissen.

Vielleicht begegnen wir uns wieder, aber da
Wo du mich verlassen hast,
Triffst du mich nicht wieder.

Bertolt Brecht

Du bist ja ein Dichter . . .

Ob ich gemeint war mit der Zeichnung, die im Briefkasten steckte. Er muß es nachts eingeworfen haben, kurz bevor er zu seinem Abenteuer-Urlaub gestartet ist. Vier lange Wochen. Erst hatte ich Verrat gewittert, und meine Wut oder mein Heulen müssen ihn ziemlich genervt haben. Richtig hineingesteigert habe ich mich, daß alles so kommen würde wie mit Claudias Freund, der danach dann einen Schlußstrich gezogen hatte. Uli hatte mir »mangelndes Vertrauen« vorgeworfen. Was mich natürlich wieder auf die Palme brachte.

Manchmal hatte ich das Gefühl, neben mir zu stehen und über mich den Kopf zu schütteln: ich wollte doch nicht nur in Ulis Schlepptau leben und ihn »anhimmeln«. Dann mich doch lieber über seine Macken ärgern können, die ich immer besser kennen und verstehen lerne. Zum Beispiel, daß ich manchmal ganz gerne Entscheidungen dem anderen überlasse, um mich dann nachher besser aus der Affäre ziehen zu können. Da hat mich seine Sturheit, abzuwarten, bis ich oder wir zusammen den Knoten aufdröseln können, schon ziemlich verunsichert. Wie ihn

wahrscheinlich mein ständiges Vor- und Rückwärts-Denken, was gewesen wäre, wenn . . ., nervt.

Zwei Jahre und vier Monate geht das schon, hat er vorige Woche ausgerechnet. Das war bei der Hochzeit seines älteren Bruders, als Freunde eine lange Geschichte vortrugen, wie er und seine Frau sich kennengelernt hatten – vor vier Jahren. Es war keine Feier mit schwarzem Anzug und einem riesigen Essen für wenige Auserwählte. Sie hatten alle Freunde eingeladen und auch die Verwandten. Schon beim Gottesdienst hatten sie sich einiges einfallen lassen und verteilten kleine Samenkörner an alle. »Damit überall etwas von unserer Freude blüht.« Immerhin gucken schon drei Blattspitzen aus dem Blumentopf in meinem Zimmer.

Ob die zwei uns angesteckt haben mit ihren Träumen, über die sie selbst manchmal am meisten lachen? Zum Beispiel, wenn Sigrid meint, sie würden auch noch im Senioren-Club ein flottes Paar abgeben oder dann bei den »Grauen Panthern« dafür kämpfen, ein selbstverwaltetes Altersheim zu gründen.

Das Päckchen hatte ich längst aufgemacht und den Ring angesteckt. Er ist ganz schmal und hat kleine Ecken. Ein kleiner Zettel hatte dabeigelegen. »An den Ecken werden wir uns noch manchen blauen Fleck holen, aber ich wünsche mir, daß unsere Liebe eine runde Sache wird.« Mir fallen oft unpassende Sachen ein, und ich mußte an die Maus in der Bilderbuchgeschichte denken. »Aber Frederick, du bist ja ein Dichter.«

Fragen

Schreib mir, was du anhast! Ist es warm?
Schreib mir, wie du liegst! Liegst du auch weich?
Schreib mir, wie du aussiehst? Ist's noch gleich?
Schreib mir, was dir fehlt! Ist es mein Arm?

Schreib mir, wie's dir geht! Verschont man dich?
Schreib mir, was sie treiben! Reicht dein Mut?
Schreib mir, was du tust! Ist es auch gut?
Schreib mir, woran du denkst! Bin es ich?

Freilich habe ich dir nur meine Fragen!
Und die Antwort hör ich, wie sie fällt!
Wenn du müd bist, kann ich dir nichts tragen.

Hungerst du, hab ich dir nichts zum Essen.
Und so bin ich grad wie aus der Welt
Nicht mehr da, als hätt ich dich vergessen.

Bertolt Brecht

Stille: Sprungbrett ins Leben

Mitten in der Menge trieben wir neugierig auf das Gebäude zu mit dem großen Transparent: »Halle der Stille.« Drinnen: gedämpftes Licht, nicht mehr der Lärm der 100000 Katholikentagsbesucher, der Aktionsgruppen und Diskussionen. Nur ein Brunnen plätschert leise, das Scharren der Füße ist zu hören. Aus einem Raum dringt der Liedruf: »Wachet und betet!« Immer wieder.

Claudia und ich sind Hand in Hand weitergegangen, vorbei an den Wänden mit den vielen Zetteln. Krakelige Schriften und solche, für die es in der Schule gute Noten gegeben hätte. Bitten: »Hilf Michaels Vater, Arbeit zu finden.« – »Laß dieses Elend in Afrika nicht weiter zu.« Dank: »Daß ich wieder Boden unter den Füßen habe und ein Ziel vor mir sehe.« Oder: »Daß ich all diesen Menschen begegnen durfte.«

Von der Seite habe ich Claudia angesehen, denn eigentlich wollte sie gar nicht mitfahren zum Katholikentag. Gott spiele in ihrem Leben ja doch keine Rolle. Ob sie es nicht lächerlich fand, daß Menschen sich einfach an ihn wenden mit ihren Ängsten und Hoffnungen, mit holprigen Worten? Doch sie las ganz ernst und aufmerksam die Zettel und zog mich dann hinüber in den Raum, wo schon viele auf dem Boden saßen oder lagen: meditierten.

Claudia setzte sich, die Jutetasche voller Papiere, neben mich, wohl um sich auszuruhen. Wir hielten uns an den Händen bei den Liedern und Gebeten. Sie bewegte die Lippen, lächelte mir manchmal zu. Auf einmal wußte ich, wofür ich Gott gerade heute danken konnte: Daß es sie gibt und den Zufall, daß ich ihr über den Weg lief. Für das Glück, daß sie nicht gleich über meine unbeholfenen Annäherungsversuche grinste, für ihr Lachen und ihre Ernsthaftigkeit im richtigen Moment. Und für ihre Sturheit, die mich manchmal furchtbar reizt, die sie aber auch immer wieder nach einem Krach den ersten Schritt machen läßt.

Beim Hinausgehen kamen wir wieder an der Wand mit den Zetteln vorbei. Claudia nahm einen unbeschriebenen – er war gelb – , dachte einen Moment nach, schrieb und heftete ihn dann an. Ich las: »Gott, bisher habe ich dich wohl nur ganz weit oben im Himmel vermutet. Laß mich nicht länger die Menschen übersehen, die alle ein Stück Himmel mitten auf die Erde bringen.«

Etwas unsicher hat sie mich angesehen, doch ich hatte verstanden, und wir haben uns lange festgehalten. Dann sind wir rausgegangen in den Trubel und haben uns etwas aus dem Riesenprogramm ausgesucht. Doch mitten in der Menschenmenge hatte ich das Gefühl, daß wir uns viel nähergekommen waren. Als ich dann zu Hause die Jutetasche ausräumte und all die Flugblätter und Broschüren sortierte, fand ich ein kleines Heftchen aus der Halle der Stille, in dem stand: »Stille will keine Abkehr von der Welt sein, sondern ein Sprungbrett zum Leben.« Da habe ich ergänzt: »Zu unserem gemeinsamen.«

Lieben und Leben

». . . in guten wie in bösen Tagen«

Der schönste Tag in der Woche

Der schönste Tag in der Woche, sagt die Frau, Mitte 30, zwei Kinder, verheiratet, ist, wenn mein Mann zum Kegeln weg ist. Der schönste Tag in der Woche ist der Mittwoch. Da wartet sie, bis er sich fertig gemacht hat, die Tür hinter sich zugeschlagen hat, das Haus verlassen hat. Da wartet sie, bis die beiden Kinder im Bett und endlich eingeschlafen sind. Und dann beginnt ihr Abend. Sie macht sich die Stehlampe an, breitet ihre Plattensammlung vor sich aus, setzt sich auf den Fußboden, klappt den Deckel des Plattenspielers hoch und legt sich jene Platten auf, die ihrem Mann nicht gefallen, die sie aber gerne hört. Am schönsten Tag der Woche darf sie ein paar wenige Stunden ganz für sich sein.

Das ist nicht viel, ein paar Stunden einmal die Woche, viermal im Monat, um ganz für sich zu sein. Um ganz sie zu sein. Sie sagt es ohne Verbitterung, es klingt schon ganz selbstverständlich, beiläufig, es hat sich eben so ergeben, so ist es gelaufen, die Ehe, das Leben.

Es ist nicht so, daß sie sich Gedanken machte, sich von ihm zu trennen, noch einmal ein eigenes Leben zu beginnen, in dem sie sie selbst sein könnte, oder sich gar scheiden zu lassen. Nein, so weit denkt sie nicht, dazu ist alles zu selbstverständlich gelaufen, zu zwangsläufig, so, als müßte es so sein. Sie hat auch keine Liebschaft begonnen, mit irgendeinem anderen Mann, der ihr vermitteln würde, du und dein Körper sind begehrenswert, deine Küsse, deine Haut zu berühren, erregt mich, treibt mich zu dir. Jene Zartheit und jene Wollust liegen weit zurück. Sie hat sich damit abgefunden . . .

Für ihren Mann ist der Mittwoch, der Kegelabend, vielleicht nicht der schönste Tag der Woche, dazu erlebt er an seinem Arbeitsplatz genug, aber ein schöner Tag ist es für ihn auch, frei von dem häuslichen Druck: da kommst du heim, Küßchen links und Küßchen rechts, wie es sich für Eheleute so gehört, na, wie ist es dir ergangen, diese Jeden-Tag-Frage, die nach Anteilnahme nicht einmal mehr klingt. Erzählt er wirklich einmal, wie es ihm ergangen ist, interessiert es sie ja doch nicht. Und da mag er diese routinierte Anteilnahme auch nicht mehr hören. Er ist es satt, müde heimkommend, gleich in Beschlag genommen zu werden, und dann die Kinder, die nur noch vom Fernseher ruhig und still zu kriegen sind. Und dann die erste Flasche Bier und dann die nächste: jenes Schlafmittel, das den Schlaf Schluck um Schluck näher bringt – ein Leben, das keines ist, Anschaffen, Zahlen, was soll's.

Beim Kegeln, da kann er sich ganz gehen, nebenbei vollaufen lassen, da stellt keiner Fragen, da quängelt niemand, da ist er ganz er selber – sagt er. Da ist er frei. Da nimmt ihn jeder so, wie er ist, da ist er der liebe, gute Kumpel. Es ist gar nicht so, daß er ein besonders begeisterter Kegler wäre, ach nein, es könnte auch etwas anderes sein, aber da ist Gemeinschaft, Kumpanei, Geselligkeit, ein paar wenige Stunden in der Woche, nicht gerade viel, von acht bis eins, einmal die Woche, viermal im Monat, ein bißchen wenig, aber immerhin, und er klagt nicht, besoffenen Kopfes kommt er nach Hause, da brennt noch das Licht, da sitzt noch die Frau mit ihren blöden Platten, und er weiß ja selber, daß er nicht hätte so viel trinken sollen, wo die Leber geschwollen ist.

Einmal die Woche fühlen sich beide frei. Sie können nicht drüber reden, ergeben in das Zwangsläufig-Scheinende, betrachten sie es als selbstverständlich, daß es so sein muß wie es ist – beide Opfer, beide nach außen ein ganz normales, ganz durchschnittliches Ehepaar, ohne Krisen, ohne Konflikte, keine Trennungsabsichten, ein richtig harmonisches Paar.

Ernst Klee

***Ich nehme dich als meine Frau
und verspreche dir die Treue
in guten und in bösen Tagen,
in Gesundheit und Krankheit.***

***Ich will dich lieben, achten und ehren,
solange ich lebe.***

Aus der Gottesdienstordnung für die kirchliche Trauung

Mut macht uns ...

... das alte Ehepaar im Supermarkt: Er liest für sie die Etikette, sie schiebt für ihn den Einkaufswagen.

... das alte Ehepaar im Park: Sie hält seine Aktentasche, als er vorsichtig am Rand des vereisten Teiches entlang balanciert.

... das alte Ehepaar im Bahnhof: Sie wird doch tatsächlich rot, als er ihr eine Rose ins Abteil reicht.

... das alte Ehepaar im Café: Sie spielt Karten, er diskutiert mit Freunden, doch manchmal, da zwinkern sie sich zu.

... das alte Ehepaar auf dem Marktplatz: Sie haben sich eingehakt zwischen den Jugendlichen, die für den Frieden schweigen.

Keinmal das Wort Gott

Der evangelische Schriftstellter *Jörg Zink* schreibt:

In meinen eigenen Liebesgedichten,
die ich vor fünfunddreißig Jahren schrieb,
kam ein bestimmtes Mädchen vor,
aber keinmal das Wort Gott.

Und ich meine,
Gott müsse nicht immer genannt werden,
und er könne dennoch an dem,
was da geschieht, seine Freude haben.

Liebende sind wie Kinder.
Wie die Liebenden geht ein Kind
in seinen Tag, freut sich, daß es da ist,
und erwartet alles.

Liebende sind wie der Himmel,
wie die freie, weite Luft.
Und ihre Liebe wächst,
mit Blättern und Zweigen
wie ein Baum ins Licht.

5 Ein Rädchen im großen Getriebe

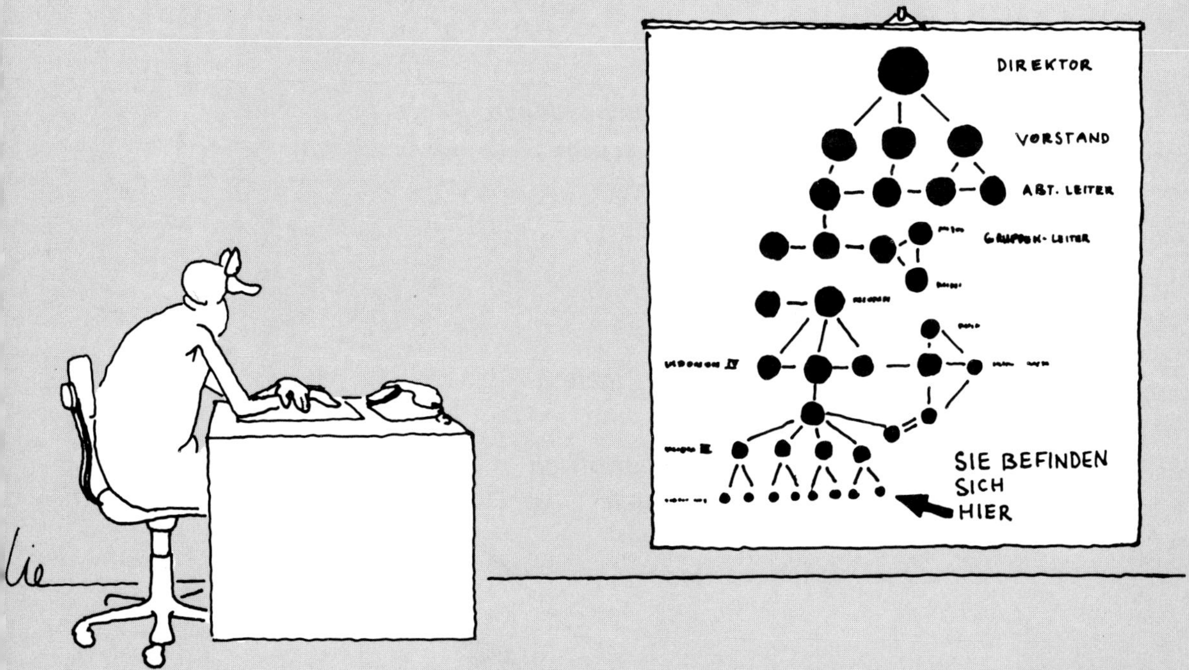

Nachruf

»während 39 jahren
war sie uns
eine zuverlässige mitarbeiterin«
(schreibt die direktion des textilunternehmens)

während 39 jahren
tag um tag
am mechanischen webstuhl
die ohren voll lärm
die lunge voll staub
in holzpantinen auf naßkaltem Boden

und dennoch
lebte sie fröhlich
war ohne bitterkeit
betreute ihre familie
und sang sopran
im gemischten chor

mich machte ein solches leben
nach einem monat schon
fertig

doch ihr
hatte selbst
der euphemismus
Mit-Arbeiterin
niemals ein bitteres lachen
entlockt

mir ist das so unbegreiflich
wie brot vom himmel
wie wein aus wasser
wie leben aus tod

Kurt Marti

Nicht auszudenken

Zwischen vielen Rollen
sitzt nicht nur die Arbeiterin
in der Textilfabrik
oder der Monteur
in der Maschinenfabrik.

Zwischen der Rolle
als Frau oder Mann
als Kollegin oder Kollege
als Auszubildende oder Auszubildender
als Beschäftigter oder Arbeitsloser
als Schüler oder Student
als Sohn oder Tochter
als Verbraucherin oder Verbraucher
als Gewerkschaftsmitglied
als Freund oder Freundin.

»Vorsicht! Verwechslung vermeiden«
scheint ein rotes Warnsignal zu blinken.

Nicht auszudenken
wenn ich als Auszubildender einen
Verbesserungsvorschlag machen würde

wenn ich als Frau mich um den
Vorarbeiterposten bewerben würde

wenn mein Kollege mein Freund würde
den ich dennoch mal kritisiere

wenn ich den guten Ruf als Angestellter
durch die Tätigkeit als Betriebsrat
gefährden würde . . .

Ein kleines Rädchen im großen Getriebe

Gesetzt den Fall, es wäre wirklich möglich, das Blaue vom Himmel zu lügen. Dann wölbte sich der Himmel über jenen Teilen der Welt, in denen Arbeitszeugnisse und Bewerbungen geschrieben werden in ewiger, undurchdringlicher Finsternis. Sind der Unwahrhaftigkeit bei den Bewerbungen noch dadurch einige Grenzen gezogen, daß der Kandidat seine vorgeblichen Talente bei einer eventuellen Einstellung zumindest halbwegs in die Tat umzusetzen gezwungen ist, so ist die Lüge bei den Zeugnissen sogar juristisch einklagbar.

So verbietet es jedes Gericht einem Arbeitgeber, der mit seinem scheidenden Angestellten höchst unzufrieden war, ins Zeugnis zu schreiben: »Bewundernswürdig an ihm war lediglich, wie man bei einem so geringen Arbeitstempo so viele Fehler unterbringen konnte.« Nein, er ist gezwungen zu schreiben: »Er bemühte sich redlich, den an ihn gestellten Anforderungen gerecht zu werden.« Da weiß dann zwar auch jeder, was los war oder auch nicht, aber die Lüge wahrt den Schein.

Kaum vorstellbar daher, daß sich hierzulande jemand wie folgt um eine Arbeitsstelle bemüht: »Sehr geehrter Herr Chef, ich bin es im Grunde nicht wert, daß sie sich auf mich einlassen. Zwar wissen meine Freunde einiges an Gutem über mich zu berichten, und das stimmt wohl durchaus, aber es ist doch sehr wenig. Ich bin nur ein kleines Rädchen im großen Getriebe, drehe einige andere Rädchen und werde von weiteren gedreht. Sie würden mich glücklich machen, wenn Sie von ferne mit einem kleinen Wink auf mich eingehen könnten.« Soweit die Bewerbung.

Bevor jemand in unserer Gesellschaft solch ein Schriftstück absetzt, sollte er sich doch lieber eine Gitarre kaufen und durch das Absingen von Wanderliedern auf öffentlichen Plätzen, seinen Lebensunterhalt zu fristen versuchen. So einer hat doch nirgendwo eine Chance!

Oder doch? Mit ziemlich genau den soeben zitierten Worten bewarb sich der Hauptmann von Kafarnaum bei Jesus um Hilfe. Und Jesus war von dieser Ehrlichkeit, Offenheit, von diesem Glauben so sehr angetan, daß er den Mann akzeptierte, daß er ihm half. Eigentlich schön, daß wir Menschen jemanden haben, bei dem wir ehrlich sein können und nicht den Pfau spielen müssen, der uns vielmehr so liebt, wie wir nun einmal sind.

P. Roger Gerhardy

Karriere

Geht es hinauf,
wenn nur das Gehalt zählt?

Geht es hinauf,
wenn ich der Erste sein will?

Geht es hinauf,
wenn andere gehen müssen?

Geht es hinauf,
wenn nur die Karriere zählt?

Geht es hinab,
wenn Arbeit einen Sinn machen soll?

Geht es hinab,
wenn wir es zusammen schaffen wollen?

Geht es hinab,
wenn der Protest Folgen hat?

Geht es hinab,
wenn die Freunde nicht zu kurz kommen?

Schritt – Atemzug – Besenstrich

Er fuhr jeden Morgen lange vor Tagesanbruch mit seinem alten, quietschenden Fahrrad in die Stadt zu einem großen Gebäude. Dort wartete er in einem Hof zusammen mit seinen Kollegen, bis man ihm einen Besen und einen Karren gab und ihm eine bestimmte Straße zuwies, die er kehren sollte.

Beppo liebte diese Stunden vor Tagesanbruch, wenn die Stadt noch schlief. Und er tat seine Arbeit gern und gründlich. Er wußte, es war eine sehr notwendige Arbeit.

Wenn er so die Straßen kehrte, tat er es langsam, aber stetig: Bei jedem Schritt einen Atemzug und bei jedem Atemzug einen Besenstrich. Schritt – Atemzug – Besenstrich. Schritt – Atemzug – Besenstrich. Dazwischen blieb er manchmal ein Weilchen stehen und blickte nachdenklich vor sich hin. Und dann ging er wieder weiter: Schritt – Atemzug – Besenstrich.

Während er sich so dahinbewegte, vor sich die schmutzige Straße und hinter sich die saubere, kamen ihm oft große Gedanken. Aber es waren Gedanken ohne Worte, Gedanken, die sich so schwer mitteilen ließen wie ein bestimmter Duft, an den man sich nur gerade eben noch erinnert, oder wie eine Farbe, von der man geträumt hat. Nach der Arbeit, wenn er bei Momo saß, erklärte er ihr seine großen Gedanken. Und da sie auf ihre besondere Art zuhörte, löste sich seine Zunge, und er fand die richtigen Worte.

»Siehst du, Momo«, sagte er dann zum Beispiel, »es ist so: Manchmal hat man eine sehr lange Straße vor sich. Man denkt, die ist so schrecklich lang; das kann man niemals schaffen, denkt man.« Er blickte eine Weile schweigend vor sich hin, dann fuhr er fort: »Und dann fängt man an, sich zu eilen. Und man eilt sich immer mehr. Jedesmal, wenn man aufblickt, sieht man, daß es gar nicht weniger wird, was noch vor einem liegt. Und man strengt sich noch mehr an, man kriegt es mit der Angst, und zum Schluß ist man ganz außer Puste und kann nicht mehr. Und die Straße liegt immer noch vor einem. So darf man es nicht machen.«

Er dachte einige Zeit nach. Dann sprach er weiter: »Man darf nie an die ganze Straße auf einmal denken, verstehst du? Man muß an den nächsten Schritt denken, an den nächsten Atemzug, an den nächsten Besenstrich. Und immer wieder nur an den nächsten.«

Wieder hielt er inne und überlegte, ehe er hinzufügte: »Dann macht es Freude, das ist wichtig, dann macht man seine Sache gut. Und so soll es sein.«

Und abermals nach einer langen Pause fuhr er fort: »Auf einmal merkt man, daß man Schritt für Schritt die ganze Straße gemacht hat. Man hat gar nicht gemerkt wie, und man ist nicht außer Puste.« Er nickte vor sich hin und sagte abschließend: »Das ist wichtig.« *Michael Ende*

Die Arbeit ist ein Gut für den Menschen – für sein Menschsein –, weil er durch die Arbeit nicht nur die Natur umwandelt und seinen Bedürfnissen anpaßt, sondern auch sich selbst als Mensch verwirklicht, ja gewissermaßen »mehr Mensch wird«.

Papst Johannes Paul II.

Was macht Lust?

Ich bin in meiner Arbeit als Gärtner selbständig. Ich arbeite allein, teile mir meine Arbeit auch selber ein, und die Arbeit taugt mir. Ich bin für die Gartenanlagen und Parks rund um das Mirabellenschloß in Salzburg zuständig. Es ist schön zu sehen, wenn alles zu blühen anfängt. Ich bekomme das ganz unmittelbar mit, wie sich meine Arbeit in der Natur auswirkt.

Alle, die im Garten arbeiten, halten gut zusammen. Der Meister hat Vertrauen zu uns. Nur ein Mal im Monat schaut er nach. In früheren Posten wurde mir alles angeschafft, ständig wurde kritisiert, und das Betriebsklima war schlecht. Ich verdiene sehr gut. Es paßt alles.

Hans-Peter Eder, 19 Jahre

Ich bin Dreher in einem Eisenwerk, in dem Walzen hergestellt werden. Lust ist, wenn ich beim Drehen mitdenken kann, wenn ein Teil fertig ist, wenn es paßt – das befriedigt mich. Je mehr ich gestalten kann und Verantwortung für den Teil habe, um so mehr freut mich die Arbeit. Allerdings sehe ich vom Teil nachher nichts mehr. Das fertige Produkt ist dann weit weg von mir.

Andreas Typplt, 18 Jahre

Wir gießen 40 Tonnen schwere Walzen. Das ist keine sehr intelligente Tätigkeit. Es ist eintönig, nur Walzen zu gießen. Ich verdiene nach Abschluß der Lehre zwar weniger als ein angelernter Arbeiter, habe aber dann einen sicheren Arbeitsplatz und bin Facharbeiter. Die Arbeitszeit (6.00–14.30) ist sehr gut. Auffällig bei uns ist das Selbstbewußtsein der Arbeiter. Sie kommen sich wichtiger vor als die Ingenieure.

Franz Kramberger, 22 Jahre

Ich bin Maler (Bodenleger, Tapezierer) in einer kleinen Firma (Chefleute und 3 Lehrlinge). Dadurch ist die Atmosphäre zwar persönlicher, hängt aber auch mehr vom Chef ab, und es wird einem mehr auf die Finger geschaut. Ich komme mit meinem Chef normalerweise gut aus.

Ich habe eine abwechslungsreiche Tätigkeit. Die Arbeit ist immer anders, und es ist interessant, wie unterschiedlich Wohnungen eingerichtet sind. Wenn ich allein bin, kann ich mir die Arbeit einteilen. Wenn ich eine Wohnung ausmale oder einen Boden verlege, sehe ich auch immer das Ergebnis meiner Arbeit, und das befriedigt mich. Ich gehe aber nach der Lehre sicher weg. Ich habe viel Arbeit, bin auch oft auswärts, verdiene aber wenig.

Hermann Persterer, 17 Jahre

Befriedigende Arbeit

»Der Mann ist Gold wert, er hat den Automaten,
durch den er ersetzt werden soll,
praktisch selbst bezahlt.«

Was vom siebten Siebtel
der Woche gesagt ist,
gilt erst recht vom Rest:
So wie der Sabbat
für den Menschen da ist
und nicht umgekehrt,
so ist auch die Arbeit
für den Menschen da
und nicht der Mensch
für die Arbeit.
Sonst wäre die Arbeit
ja nur für den befriedigend,
für den jemand arbeitet
und nicht für den,
der die Arbeit tut.
Die Arbeit als höchsten
Wert zu betrachten,
befriedigt bloß die,
die auch den Menschen
bloß als etwas betrachten,
das die Welt, diese ewig
arbeitende Supermaschine,
als ihr Ebenbild
und Spitzenprodukt
hervorgebracht hat.

Josef Dirnbeck

Der Regenbogen im Büro

Meine Freundin Nicole arbeitet als Journalistin in Paris und hat mich einfach mitgenommen zu dem Interview. Sie hätte das am Telefon mit ihrer Gesprächspartnerin geklärt, berichtet sie, als wir an dem vornehmen Altbau mit dem goldenen Firmenschild klingeln. Während sie sich bei der Sekretärin vorstellt, habe ich Zeit, den Stuck an der Decke und die dunklen Teppiche zu betrachten. Angestellte dieser Zeitarbeit-Vermittlung telefonieren oder suchen in Karteikästen nach Unterlagen.

Durch einen Gang kommen wir ins Zimmer der Chefin: einen großen Raum mit einfachen, aber sicher sehr teuren Möbeln, einem Kamin. »Wie in Manager-Zeitschriften«, denke ich angesichts des riesigen Schreibtisches mit Telefon, Sprechanlage und Computer. Dahinter aber kein lederbezogener Bürostuhl, sondern ein Rollstuhl. Darin – zierlich, unauffällig klassisch gekleidet – die Chefin. Freundlich und doch energisch spricht sie mit meiner Freundin, kommt gleich »auf den Punkt«.

Stolz ist sie auf die Größe »ihrer« Firma, bei deren Aufbau ihr das Selbstbewußtsein geholfen habe, das sie wiederum ihren Eltern und Freunden zu verdanken habe. Nicoles Stift fliegt nur so über das Papier; ich höre erst wieder zu, als der Name »Jesus« fällt. Der Beruf, das sei die eine Schiene ihres Lebens, der Glaube stets die andere gewesen, erklärt die Frau im Rollstuhl. Was sie besonders beeindruckt habe? »Daß Gott in Jesus wirklich Mensch geworden ist und ich sein Gesicht immer wiedererkenne«, antwortet die Chefin. »Ich finde ihn wieder in den Gesichtern der enttäuschten Arbeitslosen, denen ich auch nicht immer zu der ersehnten Stelle verhelfen kann. Oder bei den körper- und geistigbehinderten Menschen, mit denen ich seit einiger Zeit zu tun habe.« Die hat sie lange Zeit gemieden. Schließlich konnte sie selbst nicht die abgewandten Blicke ertragen, wenn sie im Rollstuhl durch ein Museum fuhr. Heute setzt sie sich in ihrer Freizeit für Behindertengruppen ein und nutzt dabei ihr Wissen um Finanzen und Verwaltung, wenn sie Räume suchen oder finanzieren müssen.

Zufrieden, und doch mit vielen neuen Ideen und Plänen im Kopf, sitzt sie in ihrem Rollstuhl. Nur selten, wenn sie zum Telefonhörer greift, werden die kleinen, verkrüppelten Hände sichtbar. Erst als wir schon wieder auf der Straße stehen, begreife ich, warum mitten in ihrem Manager-Büro eine ungewöhnliche Zeichnung hing: eine Hand, die sich in eine Taube verwandelt hat und einem bunten Regenbogen entgegenfliegt. So hat Gott damals nach der Sintflut mit Noach seinen »Vertrag« abgeschlossen. Und daran glaubt auch die Chefin.

Sieben Tage-Woche

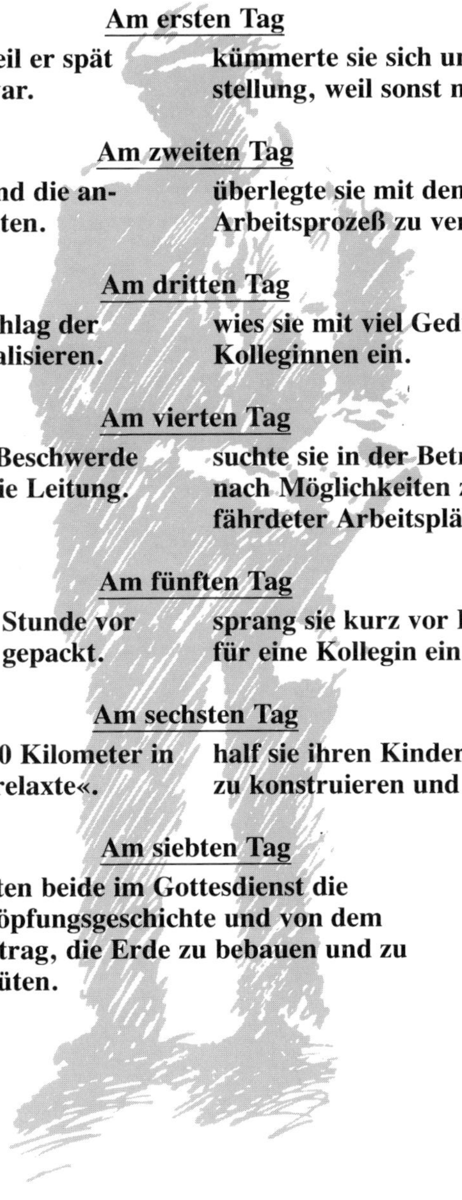

Am ersten Tag

meldete er sich krank, weil er spät nach Hause gekommen war.

kümmerte sie sich um die Materialbestellung, weil sonst niemand da war.

Am zweiten Tag

ging er pünktlich, während die anderen Überstunden machten.

überlegte sie mit den anderen, wie der Arbeitsprozeß zu vereinfachen sei.

Am dritten Tag

unterstützte er den Vorschlag der Firmenleitung, zu rationalisieren.

wies sie mit viel Geduld zwei neue Kolleginnen ein.

Am vierten Tag

wandte er sich mit einer Beschwerde über einen Kollegen an die Leitung.

suchte sie in der Betriebsversammlung nach Möglichkeiten zur Erhaltung gefährdeter Arbeitsplätze.

Am fünften Tag

hatte er schon eine halbe Stunde vor Arbeitsschluß die Tasche gepackt.

sprang sie kurz vor Dienstschluß noch für eine Kollegin ein.

Am sechsten Tag

raste er mit dem Auto 200 Kilometer in einen Freizeitpark und »relaxte«.

half sie ihren Kindern ein Baumhaus zu konstruieren und döste im Garten.

Am siebten Tag

hörten beide im Gottesdienst die Schöpfungsgeschichte und von dem Auftrag, die Erde zu bebauen und zu behüten.

Seit heute

Wie oft hat es mich geärgert,
daß immer wieder das Telefon schrillt,
daß der Chef wieder schlechte Laune hatte,
daß noch etwas zum Erledigen bei mir landete,
so schnell und zwischendurch,
daß . . .

Plötzlich ist alles anders.
Niemand ärgert mich,
niemand braucht etwas von mir,
niemand regt sich über mich auf,
niemand erwartet etwas von mir,
niemand spricht mit mir.

Plötzlich, seit heute,
bin ich
ein Niemand.
Denn – seit heute bin ich
arbeitslos.

Peter F. Bock

Während früher Arbeitslosigkeit gleichbedeutend war mit Not und Elend für die ganze Familie, ist uns in den letzten Jahren immer deutlicher zum Bewußtsein gekommen, wie sehr die Arbeitslosigkeit den Menschen in seiner persönlichen Würde und in seinem Ansehen trifft.

Deutsche Bischofskonferenz

Gute Nachrichten vom Arbeitsmarkt . . .

Milch beim Betriebsfest

Osnabrück. Beim traditionellen Betriebsfest der Stadtsparkasse erwartete die Angestellten diesmal eine Überraschung: eine Bar mit einer Vielzahl antialkoholischer Getränke war aufgebaut worden. »Es soll jedem leicht gemacht werden, auf Alkohol zu verzichten«, erklärte Betriebsratsvorsitzender Peter N. »Vor allem unsere alkoholkranken Kolleginnen und Kollegen sollen sich nicht als Außenseiter fühlen oder sogar in die Gefahr geraten, rückfällig zu werden.«

Verständigungsschwierigkeiten

Köln. Nicht durch das Hinzuziehen von Ärzten, sondern durch eine mehrstündige Diskussion löste eine Gruppe im Berufsvorbereitungsjahr das Problem, daß zwei Vietnamesen »immer zu leise redeten und nicht zu verstehen seien«. Statt der bisher üblichen Praxis, die beiden völlig zu ignorieren und über ihre zögernden Versuche, sich einzumischen, einfach hinwegzugehen, »sind wir jetzt alle leiser und stellen fest, daß sie manchmal ganz schön was auf dem Kasten haben«, so Klassensprecher Franz W. (18).

Grüne Haare

Berlin. Erstaunen bei den Kunden hat in einer Berliner Kfz-Werkstatt das knallgrüne Haar des neuen Auszubildenden, Dieter E. (20), ausgelöst. Es sei nicht etwa durch einen falschen Umgang mit chemischen Substanzen in der Werkstatt zu dieser Färbung gekommen, beeilte sich Firmeninhaber Werner B. gegenüber unserem Reporter klarzustellen. »Als er sich bei mir bewarb, hatte er die Haare noch orange eingefärbt. Im Gespräch hat er mich dann davon überzeugt, daß es sich dabei nicht um ein äußeres Merkmal von *Null Bock* handele. Ich habe es mit ihm versucht – bisher ohne es zu bereuen.«

. . . Gute Nachrichten vom Arbeitsmarkt . . .

Mehr Freizeit

München. Mehr Freizeit haben seit gestern die zehn ehemaligen Auszubildenden einer Büromöbelfirma. Nachdem die Firmenleitung bekanntgegeben hatte, sie würde nur die acht Jugendlichen mit den besten Noten ins Angestelltenverhältnis übernehmen, erklärten sich alle bereit, auf einen Teil ihrer Wochenstundenzahl und damit auch ihres Lohnes zu verzichten, um allen eine Anstellung zu ermöglichen.

Fleissige Einbrecher

Düsseldorf. Als Fehlalarm hat sich der Einsatz einer Polizeistreife im Kaiser-Friedrich-Gymnasium erwiesen. Der Hausmeister hatte nach Schulschluß noch Licht in der Schulbibliothek gesehen und den Alarm ausgelöst. Als die Polizei den Raum betrat, stieß sie auf Schüler der Abschlußklasse, darunter auch die zwei besten Schülerinnen, wie die herbeigerufene Schulleiterin erklärte. Sie hätten nur drei Klassenkameraden, »die vielleicht durchfallen«, bei der Materialbeschaffung für ihre Referate helfen wollen, betonten die zwei übereinstimmend.

Blumen für den Außenseiter

Rosenheim. Sein 30. Geburtstag erwies sich für den Angestellten Winfried C. als ein besonderer Glückstag: Nachdem er von mehreren Gruppen innerhalb des Betriebs mit der Begründung, er sei als Einzelgänger und Außenseiter ein Hemmnis bei den Arbeitsabläufen, bereits in andere Abteilungen versetzt worden war, empfingen ihn seine jetzigen Kollegen mit Blumen und einem selbstgebackenen Kuchen. Dem Vernehmen nach soll Winfried C. überwältigt geäußert haben: »Ich habe noch nie etwas geschenkt bekommen.«

Ein Hoffnungsschimmer

Ich heiße Klaus L. und bin jetzt 20 Jahre alt. Als ich zwei Jahre alt war, zogen meine Eltern nach Berlin, weil sie hier keine Maloche gefunden hatten. Dort fand meine Mutter Arbeit in einem Lokal, und mein Vater möbelte die Gedächtniskirche auf. Bald hatte ich das erste Mal Heimweh, besonders nach meiner Oma! Also setzte ich mich irgendwo in Berlin in einen Bus und hoffte, in Langenfeld anzukommen – ich war drei Jahre! Vier Tage später versuchte ich es am Flughafen! Bis zur Maschine kam ich durch, dann warf mich die Stewardeß raus! Damit ich nicht andauernd abhaute, traf man die Regelung, daß ich ab und zu Ferien bei meiner Oma machen durfte.

Dann fand meine Mutter wieder Arbeit in Langenfeld, und ich zog mit ihr zurück – mein Vater kam circa ein Jahr später nach. War ich happy, wieder bei meiner Oma zu sein. Mit sechs Jahren bin ich dann in die Schule gekommen. Die Schule war bekloppt und der Lehrer total ätzend. Da ich Schwierigkeiten beim Lesen hatte, kam ich auf die Sonderschule. Dort war es besser, dort waren nur zwei Lehrer beschissen.

Zu Hause ging es ätzend zu. Meine Alten hatten fast jeden Tag lautstarken Krach; das Schönste war, sie hauten sich gegenseitig in die Pfanne. Mein Vater hatte immer nur Jobs, ansonsten war er arbeitslos. Ich hatte nie ein Zimmer für mich, so verpißte ich mich immer zu Freunden, besonders um dem Streß zu Hause zu entkommen. Meine Oma war nach wie vor super; sie besuche ich heute immer noch oft! In der neunten Klasse bin ich wegen meiner Hüftschmerzen ins Krankenhaus gekommen. Sie stellten eine chronische Hüftgelenkentzündung fest. Ich mußte ein halbes Jahr im Krankenhaus bleiben und wurde dort auch unterrichtet. Heimweh hatte ich nicht, es war eher lustig. Das einzige, wovor ich tierisch Schiß hatte, war, daß sie mich in der Schule zurückstellen würden. So war es dann auch, ich sollte die neunte Klasse wiederholen. Doch dazu hatte ich »Null Bock«! So ging ich von der Penne runter.

Es folgten zwei Jahre Arbeitslosigkeit. Mir ging es sauschlecht! Meine größte Angst war es, so zu werden, wie mein Vater. Meistens war ich mit ihm tagsüber allein zu Hause, wir drehten Däumchen, langweilten uns, lasen Zeitung und rannten ständig zum Arbeitsamt.

Nach zwei Jahren Arbeitslosigkeit kam der Bescheid vom Arbeitsamt: Stelle bei den Schlammspringern! Mensch, war ich glücklich. Zwei Jahre durfte ich bleiben. Ich fühle mich dort super, das Arbeiten macht mir Spaß und sogar die Schule. Mit unseren Betreuern und meinen Kollegen komme ich gut klar, es gab immer viel zu lachen. Nun ist die Maßnahme beendet, und ich stehe vielleicht wieder auf der Straße und habe . . . Angst . . .!!!!

Die »Schlammspringer« sind eine Gruppe arbeitsloser Jugendlicher, die zusammen mit Lehrern und einem Biologen ein Feuchtgebiet angelegt haben und verschiedene Maßnahmen des Umweltschutzes in der Stadt durchführen.

6 Feste feiern

Feiern ist erste Bürgerpflicht

Schon bei der ersten Kabinetts-Sitzung nach der Wahl machte die neugewählte Regierung ernst mit ihren Wahlversprechen. Sie verfügte, daß Feiern nun Bürgerpflicht sei. Die Verwaltungsbehörden wurden angewiesen, gleich nach Inkrafttreten der entsprechenden Gesetzesbestimmungen ein Kontrollsystem einzuführen und ähnlich der Verkehrssünder-Kartei die Strafpunkte zentral zu registrieren.

Die Teilnahme an drei Festen pro Woche mußte von da an mit Stempeln in einem paßähnlichen Papier quittiert werden. Bei der Auswahl der Feste hielt sich die Regierungspartei an ihre Wahlversprechen: »Freie Wahl der Feste.« Die Folge war, daß die Lokalseiten der Tageszeitungen überquollen von Hinweisen auf die Feiern von Kindergärten und Tierschutzvereinen, vom Verband der Installateure oder der Initiative für Abenteuerspielplätze und vom Berufsverband der Trachtenkapellen-Dirigenten. Die Bekleidungsindustrie verzeichnete steigende Umsätze, denn wer wollte schon gerne im Abendkleid zum Grillfest der Naturfreunde oder in der Kniebundhose zum Philatelisten-Cocktailempfang. Mancher Alleinunterhalter ließ seine Instrumente gleich im Auto, da er von Termin zu Termin eilen mußte, und arbeitslose Lehrer, die irgendwann einmal Klavierunterricht genommen hatten, waren als Piano-Spieler beim Tanztee willkommen. Die Friseure waren so gestreßt, daß sie beschlossen, ihren eigenen Festen dadurch eine besondere Note zu geben, daß sie alle ungekämmt erschienen. Da private Feste, wie z. B. Geburtstagsfeiern, nur ab 40 Gästen als Fest im Sinne der Gesetzesregelungen galten, wurden erste Hochzeiten bereits ins Ausland verlegt oder heimlich nach Büroschluß gefeiert.

Nachdem es zu ersten Zwischenfällen gekommen war, weil Straßenbahnfahrer oder Ordnungshüter wegen Übermüdung ein Verkehrschaos verursacht hatten und Kinder die Schulstunden nutzten, um einmal ohne die Anleitung eines professionellen Animateurs zu spielen, wurden Proteste laut. Eine Bürgerinitiative bildete sich, die durch Mund-zu-Mund-Propaganda auf Festveranstalter hinwies, die – unbemerkt von den Ordnungskräften – hinter der Fassade der Ausgelassenheit Raum boten, sich einfach auszuruhen, zu lesen oder ins Gespräch zu kommen. Und die Kabinettsrunde beriet bereits über eine mögliche Lockerung der Gesetze, ohne aufs neue die Gefahr des Alltagstrotts heraufzubeschwören.

Tadellos

Diesmal sollte alles anders sein. Sie würde nicht unsicher in der Ecke stehen und mit unbeteiligtem Gesicht, aber voller Wut, die ausgelassen Feiernden beobachten. Sie würde nicht so laut lachen, daß sich andere umdrehen. Ihre Schuhe würden auf dem glänzenden Parkett keine Schramme hinterlassen, und beim Tanzen würde sie vor lauter Aufregung nicht aus dem Takt kommen. Nein, ihr Kleid würde diesmal nicht an einer Reißzwecke hängenbleiben oder zerknittern, keine spontane Bewegung würde die Haare durcheinanderbringen.

Vor dem Spiegel am Eingang zupfte sie noch eine Haarsträhne ins Gesicht und prüfte den Sitz der Rocknähte. Auch das Lächeln »saß richtig«, als sie an dem Tisch Platz nahm, auf dem bereits drei Kerzen brannten und die Servietten kunstvoll verschlungen auf dem Teller lagen. Diesmal würde sie nicht zuviel auf den Teller häufen wie bei dem ersten großen Ball, wo es ihr einfach gut geschmeckt hatte. Und wie lange war das schon her, daß sie abends zusammen mit Freunden aus der Schule noch gegen elf Spaghetti gekocht und immer neue abenteuerliche Soßen – mal mit Rosinen, mal mit Fisch – erfunden und auch gegessen hatten. Jetzt wußte sie, wie Austern geöffnet wurden und wieviel Kalorien Pfirsich Melba hat. Nein, daran wollte sie heute nicht denken, an den erbitterten Kampf um die schlanke Linie. Sie wollte feiern, den Alltag vergessen, alles genießen: die Tischdekoration, das knusprige Zwiebelbrot mit der Kräuterbutter, das schon griffbereit neben dem Teller lag. Genüßlich schmierte sie sich eine Scheibe und freute sich über die leisen Klänge ihrer Lieblingsmusik im Hintergrund.

Ein Klingeln ließ sie aufschrecken. Wenn jetzt jemand käme . . . Nein, sie würde nicht öffnen. Doch dann erinnerte sie sich, daß sie das überbackene Kalbsfilet in den Herd gestellt und die Zeituhr geklingelt hatte. Als sie die heiße Auflauf-Form aus dem Ofen nahm, verrutschte der Topflappen und sie fluchte leise vor sich hin.

bewegung
die von moment zu moment hüpft

lachen
das sich in gesichtern spiegelt

gemeinsamkeit
die sich löst und zusammenfügt

musik
die alle saiten klingen läßt

ausgelassenheit
die weite kreise zieht

worte
die leicht über die lippen kommen

freude
die bis übermorgen reichen wird

Einladung

Dann sagte er zu dem Gastgeber: Wenn du mittags oder abends ein Essen gibst, so lade nicht deine Freunde oder deine Brüder, deine Verwandten und reichen Nachbarn ein; sonst laden auch sie dich ein, und damit ist dir wieder alles vergolten. Lk 14,12

Komm herunter
und spiel nicht länger den beleidigten
wir warten

komm herunter
und steh nicht länger vor dem Spiegel
wir warten

komm herunter
und laß die schlechte Laune ruhig oben
wir warten

komm herunter
und übe nicht länger diese lässigen Posen
wir warten

komm herunter
und nimm auch deine schwester mit
wir warten

denn du bist heute auch eingeladen.

Ungebetene Gäste

Ostermorgen. Ein Nest voll bunter Eier auf dem Frühstückstisch. Nur um ein Glas Wasser bat der Landstreicher, und Mutter holte ihn herein. Vorsichtig ließ er sich auf einer Stuhlkante nieder. Und blieb bis kurz vor dem Mittagessen, bis Mutter ihm noch einen Teller Suppe gab. Selbst nahm er sich nichts. Mit heiserer Stimme erzählte er von den Nächten, die langsam wärmer würden, von seinen Krankheiten, den Problemen mit dem Alkohol, daß er spätestens im März dieses »Kribbeln« verspüre und dann raus müsse – weg aus Wohnheimen oder Obdachlosenunterkünften, weg ins Freie. Bevor er weiterging, sah er noch mal in den Garten: »Haben sie schon gesehen, daß die Osterglokken pünktlich aufgegangen sind?«

Treffen der Familienkreise im Pfarrsaal. Herr W. bringt eine Familie mit. Asylbewerber aus Sri Lanka, wie er erklärt, die gestern in eine Wohnung fast ohne Möbel eingewiesen worden seien. Die Kinder versuchen neugierig die verschiedenen Kuchensorten, schielen schon nach dem Spielzeug der anderen. Petras Großvater, der sonst kaum einen Ton sagt, setzt sich zu ihnen an den Tisch, beginnt auf Englisch ein Gespräch. Petra erklärt mir, er wäre vor seiner Heirat als Handwerker einige Jahre in Amerika gewesen. Immer lebhafter werden die Gespräche, die Tamilen sind froh, von der Flucht erzählen zu können und nicht nur kurze Angaben wie bei den Behörden machen zu müssen. Und bevor alle nach Hause gehen, liest Petras Großvater eine Liste vor, die vom Küchenstuhl bis zur Lampe reicht. Jeder will einmal nachsehen.

Weihnachten in Polen. Habe ich mich verzählt, ein Gedeck ist doch zuviel? Halina erklärt mir, das sei ein alter Brauch. Es könne ja unverhofft noch jemand kommen. Und der solle sich gleich dazusetzen können und nicht in der Tür stehenbleiben oder warten müssen, bis alles herbeigeholt ist.

Thora-Freudenfest

»Freunde, es gibt einen Gott auf Erden!«, ruft der Weißbärtige, hebt den Kopf und blickt nach oben, als sei ihm der Allmächtige erschienen. »Warum sitzt ihr alle so still da? Heute ist das Fest der Thora, und der Rabbi hat gesagt: ›Freut euch und tanzt!‹«

Nun streckt sich ein Arm, hebt sich ein Fuß. Die Stühle fliegen zur Seite, der Tisch wird weggerückt. Das Tischtuch rutscht herunter, Kuchenstücke und Gläser fallen auf den Boden. Die Wände zittern. Die Männer stampfen mit den Füßen, tanzen, daß die Rockschöße fliegen, bilden einen Kreis. Die Schultern hochgezogen, halten sie einander fest an den Händen. Einer klammert sich an den anderen, als fürchte er, in Stücke zu zerspringen, wenn man ihn allein stehen ließe.

Keiner sieht den anderen, keiner sieht sich selbst. Stiefel wirbeln durch die Luft. Die Tänzer fühlen keinen Boden mehr unter den Füßen.

Da reckt einer den Rücken, wirft sich mit neuer Kraft in den Tanz wie in ein loderndes Feuer. Alles dreht sich, niemand sitzt mehr am Tisch. Der Tisch wackelt, als wolle auch er tanzen.

»Reb Schmul Noah, worauf wartest du denn? Steh auf!«

Und Vater, mein ruhiger, stiller Vater, steht auf und tritt in den wirbelnden Kreis.

Ich beobachte Vater von meinem Platz aus, suche ihn unter den Tänzern. Da ist sein Kopf, leicht auf die Seite geneigt, er blickt zu Boden, sein Bart weht. Er dreht sich selbstvergessen wie im Traum.

Mein Vater tanzt!

Ich kann nicht mehr still sitzen.

»Mama, darf ich?«

Die in den Ecken stehenden Frauen strahlen: ihre Männer sind froh und glücklich, wenigstens dieses eine Mal im Jahr.

Bella Chagall

Ich weiß nicht, wo diese Geschichte spielt, nur daß es um die fünf Bücher Mose geht, die Heilige Schrift der Juden. Deshalb tanzen? Das wäre ja, als wenn wir Ostern nicht mehr in den Kirchenbänken sitzenbleiben würden, sondern ausgelassen feierten, daß Christus auferstanden ist. Doch wir bleiben sitzen, als sei noch immer der Stein vor dem Grab zentnerschwer und erdrückend. Und nur beim Friedensgruß sehen wir flüchtig den neben uns an. Nicht lange genug, um zu erkennen, ob sich der vielleicht wirklich freut und erleichtert ist, daß er an diesen Sieg über alles Sterben glauben kann.

Gott achtet mich, wenn ich arbeite, aber er liebt mich, wenn ich singe.

Rabindranath Tagore

Liebe Michaela,

hoffentlich bist Du inzwischen wieder gut in W. angekommen, die Mitfahrzentrale ist ja eigentlich zuverlässig. Ich komme gerade von dem ökumenischen Jugendgottesdienst, von dem ich Dir erzählt habe. Du meintest, ein Fest in der Kirche, so etwas könne es nicht geben. Dort machten doch alle nur Trauergesichter. Reingefallen! Am Anfang war es schon sehr ruhig, als wir zusammen überlegt haben, wie wir auf eine Sintflut reagieren würden, was wir denn mitnehmen wollten ins Boot – Gegenstände, andere Menschen . . . Wieviel Vertrauen wir denn hätten, wenn uns einer sagen würde, wir sollten alles Gewohnte verlassen.

Doch die Geschichte ging weiter, und als Noach an Land kam, so heißt es in der Bibel, hat er ein Fest gefeiert. Obwohl er doch noch gar nicht wußte, wie es weitergehen sollte. In der evangelischen Kirche haben sie einen Haken mitten in der Decke (für den Adventskranz), und an Schnüren haben wir mit allen Gottesdienstbesuchern daran Papierbahnen gehängt, so daß die ganze Kirche ein buntes Zelt wurde. Einige haben auf dem großen Teppich Brot und Wasser hingestellt, später haben wir uns alle in kleinen Gruppen zusammengesetzt. Vom Kindergottesdienst hing noch ein großer Regenbogen da. Durch die gemeinsamen Vorbereitungen – allein kam keiner mit den großen Papierbahnen klar – hatte ich schon viele andere Leute kennengelernt. Und beim gemeinsamen Essen ging das weiter. Anders als sonst, wenn ich nur meinen Nebenmann oder die Nebenfrau wahrnehme. Doch irgendwann mußte es dann weitergehen mit dem Gottesdienst, mit uns. Das hat auch mit der Bibel zu tun. Vor der Flucht aus Ägypten haben sie im Stehen gegessen, um gleich aufzubrechen. Immer war das Fest nur eine Unterbrechung des Alltags, ein Atemholen. Nicht etwas, was sich endlos fortsetzen könnte. So wie wir früher immer gehofft haben, daß bei einer besonders tollen Fete alle Uhren stehenbleiben würden.

Immerhin: ein Stück vom Regenbogen durfte sich jeder zum Schluß abschneiden, sonst wäre er auf dem Müll gelandet. Es hängt jetzt in meinem Zimmer.

Jedenfalls schade, daß Du nicht mehr solange bleiben konntest. Doch vielleicht klappt es im Sommer. Da planen wir nämlich wieder ein Fest, mit allen aus unseren Gemeinden und mit den Jugendlichen, die im Laufe der Zeit immer wieder mal zu Besuch da sind. Der Chor aus England zum Beispiel, von dem ich Dir erzählt habe oder die französischen Brieffreunde oder vielleicht Du.

Ingrid

kein grund zum feiern

wenn dabei das hilfsangebot des neuen abgelehnt wird
wenn der lärm den zaghaften gesprächsbeginn überdröhnt
wenn der jugendliche nur als handlanger gebraucht wird
wenn dem langsamen die arbeit aus der hand genommen wird
wenn durch einen ideenreichen der ablauf nur gestört wird
wenn ein mißerfolg das gelingen des ganzen in frage stellt

Milch für Dracula

»Soll ich euch was zu trinken mitbringen?« Die Karnevals-Fete war in vollem Gang, und gerade hatten alle erschöpft eine Tanzpause eingelegt. Peter, der rasende Reporter, winkte nur mit seinem leeren Bierglas und die anderen nickten. »Also fünf Bier«, faßte Dirk, der Playboy, zusammen. »Für mich lieber Milch oder Limo«, sagte Uli und zeigte seine spitzen Vampir-Eckzähne. »Damit er die zweihundert Meter bis nach Hause schafft«, lachte Peter los und griff zu der Kornflasche, die er in seiner Kameratasche hatte. Es war nicht die letzte Bemerkung, die Graf Dracula an diesem Abend einstecken mußte. Denn auch noch als die ersten, begleitet von grölendem Gelächter, schon mit schwankenden Schritten den Heimweg antraten und andere immer lauter und lustiger wurden, wobei sie das Glas nicht aus der Hand gaben, blieb er eisern.

Beim Frühschoppen am nächsten Tag, zu dem sie sich diesmal später als sonst verabredet hatten, wurde erst einmal aufgerechnet, wie viele Biere und Schnäpse der einzelne getrunken hatte – von den Tabletten gegen die Kopfschmerzen am nächsten Morgen war weniger die Rede. Peter hakte nach und wollte genau wissen, warum Uli nicht mitgetrunken habe. »Sonst warst du doch einer der trinkfestesten.« Uli holte tief Luft: »Ihr wißt doch, daß mein Bruder für ein halbes Jahr auf Montage ist.« Die anderen nickten. »Das stimmt nicht. Er muß eine Entziehungskur machen in einer Klinik. Sonst wäre er

seinen Job losgewesen. Denn er hat auch in der Firma getrunken, nicht nur wenn ein Betriebsfest war oder Geburtstag gefeiert wurde. Als ich ihn letztes Wochenende besucht habe, hat er erzählt, daß er sogar eine Flasche in der Werkzeugkiste hatte. Und immer Pfefferminz lutschte, damit keinem seine Fahne auffiel.« Da unterbrachen ihn die anderen: Alkoholismus, das sei doch eine Krankheit von älteren Leuten. Oder ob sein Bruder denn so viele Probleme gehabt habe. Und das wäre doch in den Griff zu kriegen, statt drei nur zwei Flaschen Bier am Tag zu trinken. Uli erklärte ihnen, daß eben keiner selbst merke, wann er süchtig sei. »Deshalb habe ich mir vorgenommen, mal an mir zu testen, ob ich zwei Monate auch ohne Alkohol auskomme. Doch für mich ist es schon schwer, eure Hetzereien auszuhalten. Wenn ich da an meinen Bruder denke. Er darf dann wirklich keinen Tropfen mehr trinken, sonst wird er rückfällig. Und alles geht von vorne los.«

Wenn du kommst . . .

Wenn du kommst, back ich dir Kuchen«, steht auf der lustigen Karte, auf der eine Ente im buntgeblümten Kleid erwartungsvoll eine Torte hält. Wer kennt das nicht: wenn sich eine Freundin oder ein Freund angesagt hat, soll auch etwas Besonderes auf den Tisch. Da werden die Kochbücher gewälzt, ausgeschnittene Rezepte aus Zeitungen hervorgekramt. Mit etwas Glück sehen die fertigen Kuchen dann auch aus wie auf den Farbfotos. Es schmeckt dem Besuch, das Lob tut gut zwischen dem Hin- und Herrennen von der Küche zum Tisch, vom Tisch zur Küche. Manches Gespräch wird so unterbrochen oder es dreht sich nur noch um Rosinen und Rezepte.

Die Bemerkung beim Abschied setzt sich fest: »Wenn du wieder so lecker backst, komme ich noch mal.« Leicht dahingesagt, kratzt sie doch das eigene Selbstbewußtsein an: Was, wenn es tatsächlich nur die eigenen Leistungen – der Kuchen oder die mehr oder weniger klugen Bemerkungen – sind, von denen der Fortbestand der Freundschaft abhängt? Was, wenn den anderen tatsächlich nur in Erinnerung bleibt, daß sie bei mir zum ersten Mal ein bestimmtes chinesisches Gericht probiert haben? Was, wenn tatsächlich das Bemühen um Perfektion größer war als die Bereitschaft zuzuhören?

Die Verunsicherung bleibt, bis die Freundin am nächsten Morgen unvermutet in der Tür steht, sich mit einer Tasse Tee zufriedengibt und all die Unordnung und Bücherstapel nicht zu sehen scheint. Und ich nehme mir vor, zwischen alle Kochrezepte und Tips einen Zettel zu legen: »Wenn du kommst, habe ich Zeit für dich.«

gott

gott
einmal muß das fest kommen
das fest der großen trunkenheit
das fest der großen einigkeit
das fest der großen vielfalt
einmal muß das fest kommen
an dem großen tisch der welt
der zum himmel wurde
an dem großen tisch an dem niemand fehlt
bei dem mahl
von dem keiner sich abmeldete
weil er was besseres
und wichtigeres zu tun hatte
einmal muß der tag doch kommen
von dieser hoffnung leben wir
gott
und darum sind wir hier zusammen
weil wir auf diesen tag hin
verwandelt werden wollen
fähig werden wollen für dieses fest
einig werden wollen zu diesem mahl
schritt für schritt einander entgegen
gott

Wilhelm Willms

7 Ich könnte die ganze Welt umarmen

»Nur Dreck, kein Gras«

Bekannter Schrecken: die Baracken von Birkenau, durch die wir geführt werden, das Tor mit der ironischen Aufschrift: »Arbeit macht frei«, Stacheldraht und die Dosen mit dem Giftgas Zyklon B.

Die Frau neben mir hat überlebt, spricht zum ersten Mal seit der Befreiung wieder deutsch, möchte mir und den anderen Jugendlichen so viel sagen, will Sprachrohr für die Toten sein. Kein Vorwurf in der Stimme. Gerne teilt sie Wohnung und Essen mit uns; erinnert sich an die eine freundliche Aufseherin, die ihr ein Stück Brot zusteckte. Als wir aus einer der wenigen Baracken auf dem riesigen Gelände des Vernichtungslagers Birkenau kommen, atmet sie tief durch und sagt: »Hier war nur Dreck, kein Gras. Hier haben die Vögel nicht gesungen.«

Seitdem stört mich kein Unkraut mehr in den Blumenbeeten. Ich beklage mich nicht mehr über den Krach der Spatzen oder das verliebte Gurren der Wildtauben morgens um sechs.

Der bessere barmherzige Samaritan

Da geht der Samaritan ein zweitesmal nach Jericho, fand einen zweiten Verwundeten, las ein zweitesmal auf. Ging ein drittes-, ein viertes-, ein fünftesmal den gleichen Weg und fand jedesmal einen Verwundeten. Er ging hundertmal und fand hundertmal. Ging tausendmal und fand tausendmal . . . Und immer an der gleichen Stelle. Als er zum 2333. Male von Jerusalem nach Jericho ging, dachte er bei sich: Es liegt bestimmt wieder einer da . . . und stolperte darüber. . ., holte dann, wie üblich, den üblichen Vorrat aus der Satteltasche und begann mit üblicher Sorge, diesen neuesten, 2333. Verwundeten übungsgemäß zu salben und zu wickeln. Um ihn abschließend – weil Übung den Meister macht – mit einem einzigen Ruck auf den Esel zu verladen . . ., der auch sofort davonlief, in üblicher Richtung auf die Herberge. Und dort auch richtig ankam, der Esel mit dem Verwundeten . . ., diesmal bloß zu zweit, ohne den Samaritaner. Der Samaritaner war nämlich in der Wüste geblieben, um dort zunächst einmal ein Räubernest auszuspionieren . . . Als er über seinen 2333. Verwundeten stolperte, war ihm nämlich plötzlich die Erleuchtung gekommen . . ., daß es eine bessere Qualität von Barmherzigkeit sei, sich vorsorglich, und zwar resolut, mit dem Räubernest zu befassen, statt nachträglich Heftpflaster auszuteilen . . . Er merkte sich das Rezept. Und war von da ab mit immer weniger Arbeit ein immer besserer und noch besserer barmherziger Samaritan . . .

Ernst Schnydrig

In einer einzigen Stunde an einem einzigen Tag . . .

. . . erfuhr die arbeitslose Christina K., daß sie in dem Kindergarten ihrer Gemeinde ein Praktikum machen kann, um so ihre Chancen auf einen Ausbildungsplatz zu verbessern.

. . . beaufsichtigte die Nachbarin von Frau S. deren Kinder, damit sie mit ihrem behinderten Sohn ungestört zur Therapie fahren konnte.

. . . schaffte es der 18jährige Daniel, der sich selbst als »Punker« bezeichnet, fünf russische Kriegsgräber auf einem deutschen Friedhof von Gestrüpp und Schmutz zu befreien.

. . . tat Sigrid M. nach zwei Wochen »Funkstille« den ersten Schritt und rief bei ihrem Freund an, um den Schwierigkeiten gemeinsam auf die Spur zu kommen.

. . . konnten die Eltern von Martin W. erleben, wie ihr Sohn nicht die Tür knallend das Haus verließ, sondern sich mit ihnen an einen Tisch setzte.

. . . stand Alexander D. Hand in Hand mit seinen Freunden schweigend auf dem Marktplatz, um auf das Unrecht der Rassentrennung in Südafrika aufmerksam zu machen und ließ sich durch die ironischen Bemerkungen und die Kritik nicht aus der Fassung bringen.

. . . fand Vera P. in ihren Schreibtischschubladen ein kleines Päckchen nach dem anderen, als sie zum ersten Mal nach langer Krankheit wieder an ihrem Arbeitsplatz saß.

. . . lernten sich der Chilene Pedro C. und Mitglieder des Dritte-Welt-Arbeitskreises zum ersten Mal persönlich kennen, nachdem die Gruppe bereits zwei Jahre lang die Arbeit in den Elendsvierteln von Santiago unterstützt hatte.

. . . starb der 80jährige Gustav E., während ihm der 18jährige Zivildienstleistende die Hand hielt und nicht bemerkte, daß sein Dienst schon zu Ende war.

Frieden

Was kann ich denn für den Frieden tun?
Ich bin doch so machtlos.
Hat denn meine einzelne Stimme
überhaupt Gewicht?
In einer Fabel wird erzählt:
»Sag mir, was wiegt eine Schneeflocke?«
fragte die Tannenmeise die Wildtaube.
»Nicht mehr als nichts«, gab sie zur Antwort.
»Dann muß ich dir eine wunderbare
Geschichte erzählen«, sagte die Meise.
»Ich saß auf dem Ast einer Fichte, dicht
am Stamm, als es zu schneien anfing;
nicht etwa heftig im Sturmgebraus,
nein, wie im Traum, lautlos und ohne Schwere.
Da nichts Besseres zu tun war, zählte
ich die Schneeflocken, die auf die
Zweige und auf die Nadeln des Astes
fielen und darauf hängenblieben.
Genau – dreimillionensiebenhundert-
einundvierzigtausendneunhundertzweiundfünfzig waren es.
Als die dreimillionensiebenhunderteinundvierzigtausendneunhundertdrei-
undfünfzigste Flocke niederfiel – nicht mehr als nichts –,
brach der Ast ab.«
Damit flog die Meise davon.
Die Taube, seit Noachs Zeiten eine
Spezialistin in dieser Frage, sagte zu
sich nach kurzem Nachdenken:
»Vielleicht fehlt nur eines einzelnen
Menschen Stimme zum Frieden der Welt!«

KSJ, Köln

1 Korinther 13 in Nordostbrasilien . . .

Wenn ich englisch, französisch, spanisch, deutsch und chinesisch könnte
und noch ein Dutzend anderer Sprachen,
aber keinen Zugang zu anderen Menschen hätte,
wertlos wären all meine Worte.

Wenn ich studiert hätte und Doktor wäre
und mich fortwährend weiterbildete,
aber für die Probleme des Volkes kein Gespür hätte,
Firlefanz wäre all meine Bildung.

Wenn ich im geschundenen Nordostbrasilien lebte,
aber von den Leiden dieser Menschen keine Ahnung hätte
und meine Ferien im Süden oder gar in den USA oder Europa verbrächte
und nichts täte für die Förderung dieser Menschen,
nichts wäre dann mit meinem Christentum.

Wenn ich das schönste Haus in meiner Straße besäße
und mich kleidete nach Maßgabe der Mode,
aber meine Verantwortung vergäße für die Mitbürger meiner Stadt,
die kein Schuhwerk besitzen, stinken und in Lumpen gehen,
ein aufgetakeltes Mannequin wäre ich dann.

. . . und anderswo

Wenn ich meine Wochenenden auf Festen und Empfängen verbrächte,
ohne den Hunger, die Arbeitslosigkeit, Unwissenheit
und Krankheit zu sehen,
ohne den erdrosselten Schrei dieses leidenden,
an den Rand der Geschichte gedrängten Volkes zu hören,
zu nichts taugte ich dann.

Der Christ flieht nicht vor den Herausforderungen seiner Zeit,
legt nicht die Arme in den Schoß,

hält nicht einfach den Mund,
läßt es nicht bei Überlegungen bewenden,
verschließt nicht die Augen vor der Ungerechtigkeit
und vor den himmelschreienden Ungleichheiten dieser Welt.

Der Christ kämpft für Wahrheit und Gerechtigkeit –
mit den Waffen der Liebe.

Der Christ wirft nicht die Flinte ins Korn
und resigniert nicht trotz Schwierigkeiten und Rückschlägen.
Denn er weiß, daß das einzige,
was von all dem Bestand hat,
die Liebe ist.

KSJ, Köln

Türen lassen sich öffnen

ich war im asylantenheim
allein mit der angst vor ausweisung
ihr habt mich besucht
und mich in eure familie eingeladen

ich war im krankenhaus
allein mit der angst vor krebs
ihr habt mich besucht
und die hilflosigkeit mit mir geteilt

ich war im behindertenheim
allein mit der angst vor herablassung
ihr habt mich besucht
und meine talente ans licht geholt

ich war im jugendstrafvollzug
allein mit der angst vor dem danach
ihr habt mich besucht
und eure eigenen fehler nicht versteckt

ich war im altersheim
allein mit der angst vor einsamkeit
ihr habt mich besucht
und meinen erfahrungen getraut

ich war im frauenhaus
allein mit der angst vor der verantwortung
ihr habt mich besucht
und auch mein kind zum lachen gebracht

ich war in der psychiatrie
allein mit der angst vor dem neubeginn
ihr habt mich besucht
und seid die ersten schritte mitgegangen

Wer ständig nach dem Wind schaut,
kommt nicht zum Säen,
wer ständig die Wolken beobachtet,
kommt nicht zum Ernten.

Koh 11,4

Senfkornmensch

sie haben mich gelehrt
du mußt groß und stark werden
sie haben mich gelehrt
du mußt deine ellbogen gebrauchen
sie haben mich gelehrt
du mußt dir deinen platz verschaffen
sonst bist du verloren
sie haben mir gesagt
es ist gefährlich
klein zu sein
sie haben mir gesagt
es ist gefährlich
schwäche zu zeigen
sie haben mir gesagt
es ist gefährlich
wehrlos zu sein
sonst bist du verloren
und ich denke an alle
die schwach und schutzlos waren
ich denke an alle
die schwäche gezeigt haben
ich denke an alle
die sich nicht gewehrt haben
sie gingen verloren

aber ich sehe
auch das senfkorn
klein und leicht
ich sehe
wie verloren es ist
in meiner Hand
ich sehe
daß es wehrlos ist
und ohne schutz
und ich höre ihn sagen
der himmel gleicht
einem senfkorn
ich höre ihn sagen
dieses ist das kleinste
von allen samenkörnern
ich höre ihn sagen
wenn es gesät ist
dann geht es auf
und wird größer
als alle anderen gewächse

wilhelm bruners

Kraft aus Träumen

»Wer keinen Mut zum Träumen hat, hat keine Kraft zu kämpfen«, stand auf dem Autoaufkleber. Träume sind also nicht nur für Verliebte oder für Traumtänzer, die mit hundertprozentiger Sicherheit irgendwann einmal über eine Bananenschale stolpern und deren Illusionen dann unsanft zerplatzen?

»Ich habe einen Traum«, hat *Martin Luther King* in seiner berühmten Rede gegen Rassendiskriminierung gesagt. Dann hat er sich auf den langen Weg des gewaltfreien Widerstandes gemacht.

»Dann schmieden sie Pflugscharen aus ihren Schwertern und Winzermesser aus ihren Lanzen. Man zieht nicht mehr das Schwert, Volk gegen Volk, und übt nicht mehr für den Krieg«, schreibt einer der Propheten im Alten Testament. Er wollte dem Volk Israel mit seinem Traum Mut machen, daß nach dem Exil bessere Zeiten kämen und sie nicht aufgeben sollten. Doch auch heute kann es Ärger geben, wenn nur einer eine Plakette »Schwerter zu Pflugscharen« trägt – in bestimmten Ländern. Selbst Träume sind eben nicht überall gern gesehen, weil sie den Kontrast zur Wirklichkeit zeigen und dazu auffordern, nicht länger die Mißstände stillschweigend zu erdulden.

Für seine Träume zu kämpfen, hat seinen Preis. Mit Obdachlosigkeit und Flucht begann der Lebensweg Jesu, der sich bis zum Tod am Kreuz keine Illusionen über die Folgen machte, die sein Reden von der »Frohen Botschaft« und dem »Reich Gottes« haben würde: »Wer keinen Mut zum Glauben hat, hat keine Kraft zu kämpfen.« So ließe sich sein Wirken vielleicht zur Kurzformel machen. Und sie wäre geeignet als Auto-Aufkleber für die Zufriedenen wie die Resignierten oder diejenigen, die lieber an die Prognosen von Sachverständigen glauben. Und mancher Traumtänzer würde dadurch vor dem Stolpern bewahrt.

Jage die Ängste fort

Sage nicht mein.
Es ist dir alles geliehen.
Lebe auf Zeit und sieh,
wie wenig du brauchst.
Richte dich ein.
Und halte den Koffer bereit.

Es ist wahr, was sie sagen:
Was kommen muß, kommt.
Geh dem Leid nicht entgegen.
Und ist es da,
sieh ihm still ins Gesicht.
Es ist vergänglich wie Glück.

Feg' deine Stube wohl.
Und tausche den Gruß mit dem Nachbarn.
Flicke heiter den Zaun
und auch die Glocke am Tor.
Die Wunde in dir halte wach
unter dem Dach im Einstweilen.

Zerreiß deine Pläne. Sei klug
und halte dich an Wunder.
Sie sind lang schon verzeichnet
im großen Plan.
Jage die Ängste fort
und die Angst vor den Ängsten.

Mascha Kaléko

Wir sind nicht auf der Erde,
um ein Museum zu hüten,
sondern um einen Garten zu pflanzen.
Papst Johannes XXIII.

Bildquellen

7 Rechte beim Künstler
9 foto-present, Essen
14/15 foto-present, Essen
16 Karl Gähwyler (aus: Krankensalbung. Diaserie. Calig-Verlag, München)
18 Christel Bender, Langenfeld
19 Paula Modersohn-Becker: Mutter und Kind (1906). © Böttcherstraße GmbH, Bremen
22/23 Peter Kaczmarek, Leverkusen
27 Christoph Meiser, Langenfeld
29 Christa Petri, Regensburg
31 Aus: Chile-Solidaritätskalender 1987, hrsg. v. Chile Arbeitskreis der KJG-Hand, Bergisch Gladbach
35 Bilderdienst Süddeutscher Verlag, München
37 Oswald Kettenberger, Maria Laach
38 Christoph Meiser, Langenfeld
41 Christel Bender, Langenfeld
42 Konrad Klapheck, Düsseldorf
45 Manfred Vollmer, Essen
47 foto-present, Essen
48 Hartmut W. Schmidt, Freiburg
51 © VG Bild-Kunst, Bonn 1987
53 Christel Bender, Langenfeld
55 Christoph Meiser, Langenfeld
59 Fritz Kehrer, Kriens/Schweiz
61 Alexander Basta, Gummersbach
63 Kunstsammlung Nordrhein-Westfalen, Düsseldorf. Rechte beim Künstler
65 Andreas Große, Dortmund
69 Tony Schreiber, Köln
71 Aus: Erich Rauschenbach. Lieschen. © Wilhelm Goldmann Verlag GmbH, München 1985
72 Dia-Dienst, München (Heitmann)
75 Museum Ludwig, Köln
76 Archiv Robert Fischer, München (Humphrey Bogart/Ingrid Bergmann in dem Film Casablanca)
77 Christel Bender, Langenfeld
79 The Art Institute of Chicago, Chester Dale Collection. © VG Bild-Kunst, Bonn 1987
80/81 Hilde Körnig, Dortmund
83 Bernd Siering, Bonn
85 KNA, Frankfurt
86/87 Bernd Siering, Bonn
89 foto-present, Essen
90 Aus: Wolfgang Endres/Markus Olivieri, Der Große Punkt. Kösel-Verlag, München 1986
93 Christel Bender, Langenfeld
95 Lothar Nahler, Hillesheim
97 Erik Liebermann, Hagen
99 foto-present, Essen
101 foto-present, Essen
103 Christel Bender, Langenfeld
105 Hans Sigg, Vernate/Schweiz
107 Illustration aus: Jugendkalender 1984 von Rankweil/Österreich
109 George Segal: Alice, ihre Musik und Gedichte hörend (1970). Staatsgalerie moderner Kunst, München. Rechte beim Künstler
113 Aus: Huhnstage. Cartoons von Peter Gaymann. © Fackelträger-Verlag, Hannover
116/117 Manfred Kriegelstein, Berlin
121 KNA, Frankfurt
123 Bernd Siering, Bonn
124 Günter Schiffler, Saarbrücken
129 Michael Jordan, Koblenz
131 Christel Bender, Langenfeld
132 Max Zimmermann, Köln
135 Anthrazit. © Brigitte Kraemer, Essen
139 Bernd Siering, Bonn
143 Bernd Siering, Bonn

Textquellen

8 Liebe. © Eva Zeller, Heidelberg
16 Wolfgang Borchert. Aus: Ders., Das Gesamtwerk. © 1949 by Rowohlt Verlag GmbH, Hamburg
18 Aus: Dies., Am Anfang war Erziehung. © Suhrkamp Verlag, Frankfurt am Main 1980
20 © Christiane Lauer, Kaiserslautern
21 Aus.: Dies., Die eine Rose überwältigt alles. Aufbau-Verlag, Berlin und Weimar 1977
23 Elias Canetti. Aus: Ders., Die gerettete Zunge. Geschichte einer Jugend. © Carl Hanser Verlag, München–Wien [8]1983 – Simone de Beauvoir. Aus: Dies., Memoiren einer Tochter aus gutem Hause. © 1960 by Rowohlt Verlag GmbH, Reinbek bei Hamburg (Auszug)
24 Franz. Aus: Ernst Kappeler, Es schreit in mir. Kösel-Verlag, München 1980, S. 209 (Auszug). © 1979 by Ex Libris Verlag, Zürich und Verlag Aare, Solothurn
29 Aus: Dies., Ich will Dich. Gedichte. © Piper Verlag, München 1970. Mit Genehmigung des S. Fischer Verlages, Frankfurt/Main
30 © Elisabeth Mackscheidt, Köln
40 Quelle unbekannt
41 Zitat: Quelle unbekannt
43 Raimund Volbers, Ibbenbüren
45 Zitat: Quelle unbekannt
46 Aus: Fakten 4/85, hrsg. v. Bund der Deutschen Katholischen Jugend (BDKJ), Köln
48 Liedtext aus: When I need you most of all. © 1971 by Lou Levi Music, Inc. Chappell International Music Publ., Ltd., London. Chappell & Co. GmbH, Hamburg
49 Aus: G. Biemer/A. Biesinger/W. Tzscheetzsch, Anstiftungen. Verlag Herder, Freiburg–Basel–Wien [6]1986
50 Aus: H. Brakmann/A. Damblon/H. Ritt (Hrsg.), Weizenkorn, Heft 8/1985, S. 103. Verlag Katholisches Bibelwerk, Stuttgart 1985
54 Aus: Rechtssprüche. Büchergilde Gutenberg
58 Aus: Mutterland Einverständnis. © Fischer Taschenbuch Verlag GmbH, Frankfurt/Main 1982. Mit frdl. Genehmigung des S. Fischer Verlages, Frankfurt/Main
62 © 1956 by Erich Fromm. Aus: Die Kunst des Liebens. Deutsche Verlags-Anstalt, Stuttgart 1980. Abdruck mit Genehmigung der Liepman AG
70 Aus: Ders., Senfkorn Mensch. Biblische Meditationen. Patmos Verlag, Düsseldorf 1986
78 Aus: Dies., Fliegen lernen. Gedichte. Wolfgang Fietkau Verlag, Berlin 1980
80 Quelle wie S. 62
81 Aus: Demian. © Suhrkamp Verlag, Frankfurt am Main 1966
82 Laura. Aus: Ernst Kappeler, Es schreit in mir, a. a. O., S. 63
83 Aus: Fakten 4/85, hrsg. v. BDKJ, Köln
86 © Manfred Metzner, Heidelberg
87 Liedtext aus: Nie wieder, RCA Schallplatten GmbH, Frankfurt. © Vivi Eickelberg Promotion VEP, Berlin
88 © Norbert Ney, Hamburg
89 Aus: Gesammelte Werke. © Suhrkamp Verlag, Frankfurt am Main 1967
91 Ebd.
94 © Ernst Klee, Frankfurt
96 Aus: Ders., Was bleibt, stiften die Liebenden. Kreuz Verlag, Stuttgart 1979, S. 26
98 Aus: Ders., Leichenreden. Hermann Luchterhand Verlag, Neuwied [10]1986
100 © KNA, Frankfurt
102 Aus: Ders., Momo. © 1973 K. Thienemanns Verlag, Stuttgart
104 Aus: solidarisch leben. Zeitschrift für Theologie, Politik, Psychologie, Kultur sowie bunten und grauen Alltag. Salzburg 7/1986
105 Aus: Ders., Der Wahnsinn hat Methode. Herder, Wien 1985
108 © Peter F. Bock, München
112 Mit frdl. Genehmigung der Gemeinnützigen Gesellschaft gegen Arbeitslosigkeit mbH, Langenfeld
120 Aus: Dies., Brennende Lichter. © 1966 by Rowohlt Verlag GmbH, Reinbek bei Hamburg
128 Aus: Ders., der geerdete himmel. wiederbelebungsversuche. Verlag Butzon & Bercker, Kevelaer [7]1986, 8.14 (gekürzt)
132 Aus: Materialien zum Weltfriedenstag 1985, hrsg. BDKJ, Düsseldorf
134 Quelle wie S. 132
136 Aus: Horst Goldstein (Hrsg.), Tage zwischen Tod und Auferstehung. Patmos Verlag, Düsseldorf 1986, S. 272 (gekürzt)
140 Quelle wie S. 70 (gekürzt)
142 Aus: Das himmelgraue Poesiealbum der Mascha Kaléko. arani-Verlag, Berlin 1979 (gekürzt)